本书编委会

主　　任：李绍美
副 主 任：蓝　青
成　　员：（按姓氏笔画为序）
　　　　　白荣敏　林成峰　郑　坚　高燕君
　　　　　唐晨辉　龚林思静　蓝成银
主　　编：蔡勇明

福鼎乡镇文史专辑

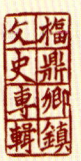

叠石

政协福建省福鼎市委员会文化文史和学习委◎编

海峡出版发行集团 | 海峡文艺出版社

图书在版编目(CIP)数据

叠石/政协福建省福鼎市委员会文化文史和学习委编.—福州:海峡文艺出版社,2024.4
(福鼎文史.乡镇专辑)
ISBN 978-7-5550-3614-2

Ⅰ.①叠… Ⅱ.①福… Ⅲ.①乡镇－文化史－福鼎 Ⅳ.①K295.75

中国版本图书馆CIP数据核字(2024)第083435号

叠石

政协福建省福鼎市委员会文化文史和学习委	编

出 版 人　林　滨
责任编辑　林鼎华
出版发行　海峡文艺出版社
经　　销　福建新华发行(集团)有限责任公司
社　　址　福州市东水路76号14层
发 行 部　0591—87536797
印　　刷　福建新华联合印务集团有限公司
厂　　址　福州市晋安区福兴大道42号
开　　本　787毫米×1092毫米　1/16
字　　数　270千字
印　　张　14　　　　　　　　　　　　插页　2
版　　次　2024年4月第1版
印　　次　2024年4月第1次印刷
书　　号　ISBN 978-7-5550-3614-2
定　　价　60.00元

如发现印装质量问题,请寄承印厂调换

总 序

李绍美

福鼎古属扬州，晋属温麻县，隋开皇九年（589）废温麻县改原丰县，唐武德六年（623）置长溪县，清雍正十二年（1734）为霞浦县辖地，归福宁府。清乾隆四年（1739）由霞浦县划出劝儒乡的望海、育仁、遥香、廉江四里设福鼎县，县治桐山。1995年10月，福鼎撤县设市，现辖10个镇、3个街道、3个乡（其中2个畲族乡）、1个开发区。

福鼎建县虽不足300年，但人文历史悠久，早在新石器时代就有先民在这块土地上繁衍生息，并因山海兼备的地理特征创造出丰厚和多元的文化，如滨海名山太姥山孕育了太姥文化，依海而生的马栏山先民则开辟了海洋文化。随着时代的发展，福鼎的文化愈发精彩和独特：与浙江交界的叠石、贯岭、前岐等乡镇，接受瓯越文化较为明显，其方言与温州的腔调接近；与长期作为闽东文化中心的霞浦县相近的硖门乡和太姥山镇，受儒家文化影响较深，文风盛于其他乡镇；地处山区的管阳、磻溪等镇和地处滨海的沙埕、店下等镇，在生产方式与生活习惯上均有很大的不同……新中国成立以来，特别是改革开放后，福鼎各乡镇立足各自的区位特点和地方传统，抓住历史机遇，走出了各具特色的发展之路，在经济建设、社会治理、文化繁荣等方面都取得了长足的进步，变化可谓翻天覆地。

基于市情，我们改变常规文史工作立足县市层面，把视角下移，提出为辖下的13个乡镇、3个街道、1个开发区编纂文史资料并合出一套丛书的思路，使得政协文史工作更细致入微、更接地气。这一思路得到了福鼎文史界和各乡镇（街道、开发区）的积极支持和大力配合。为了做好这项工作，市政协总体协调，聘请文史研究员跟踪、指导、参与丛书具体编纂事宜，努力推进这项工程量巨大的工作。各个乡镇（街道、开发区）成立工作小组具体落实，有的乡镇与高校合作，借助高校的科研力量；有的乡镇聘请当地文史工作者，借助当地"活地图""活字典"的力量……可谓"八仙过海，各显神通"，使得丛书的编纂进展顺利。

本次系统挖掘整理各乡镇的文史资料，是文史工作的一次创新，而且以乡镇为单位编纂成书，使每个乡镇零散的资料归于系统化，实乃为每一个乡镇写史纂志，对各乡镇的文化建设意义重大。在工作中，很多史料的价值以文史的眼光审视得到重新"发现"，更有不少内容属于抢救性的挖掘整理，十分难能可贵。也因此，这项工作具有开拓性，也更具挑战性。自工作开展以来，镇里、村里的老干部、老"秀才"和"古董"们，市里各个领域的文史爱好者，以及高校研究人员，纷纷热情参与其中，为完成这项浩大的文化工程付出了艰辛的劳动。大家既科学分工，又团结协作，怀抱对乡土的热爱、对家乡的厚谊及对文史的关怀，兢兢业业，埋头苦干，无私奉献，终于使煌煌几百万字的"福鼎文史·乡镇专辑"丛书与大家见面了。该丛书的出版，拓展了福鼎文史工作的广度和深度，使福鼎文史工作有了新的突破、质的提升。

文史工作是政协工作的重要组成部分，是一项有益当代、惠及后世的文化事业，在传播优秀文化遗产、繁荣发展文化事业、推进建设和谐社会等方面都具有十分重要的意义。市政协历届领导班子有重视文史工作的优良传统，以对历史负责的求实态度，尊重社会各界的意见、建议，注重文史人才的培养并发挥他们的积极作用，守正创新，破立并举，推进福鼎政协文史工作长足发展，为福鼎地方文化建设做出了积极贡献。在此，谨向所有关心和支持这项工作的各界人士表示诚挚的谢意！

读史可以明智。历史是昨天的客观存在，是我们认识现实、走向未来的前提和出发点。迈入新时代的福鼎，正孕育着新的希望，让我们紧密团结在党的领导下，一如既往地秉承"肝胆相照，荣辱与共"的方针，与全市人民一道，团结拼搏，鼎力争先，不忘初心，接续奋斗，为加快建设宁德大湾区沙埕湾生态临港产业城市发挥我们应有的作用，做出我们应有的贡献。

是为序。

（本文作者为福鼎市政协党组书记、主席）

序：唯将美好祝溪山

陈维锋

"高高画眉山，幽幽会甲溪，温热氡泉水，翠绿高山茶。"

2022年4月2日，我在办公室，沏一杯茶，打开QQ日志，重温这篇于2010年4月2日凌晨——我离开叠石前夜写的《再见吧，叠石》，沉浸在对叠石工作生活的那些美好回忆中。虽然说生活需要仪式感，但在这个只属于自己的特殊日子里，我更喜欢一个人、一杯茶、一段文字、一段回想。尽管在叠石工作三年多的时间，我并没有做惊天动地的事业和感天动地的业绩，但问心无愧的辛勤付出，也取得聊以自慰的收获。离任那天，叠石群众冒雨前来道别的感人情景，让我终生难忘。叠石，注定是我乡镇工作经历中最有成就感和幸福感的地方。

那日傍晚，正当我在办公室独自回味这特殊的日子时，叠石乡党委书记蓝成银来了，几句问候与寒暄之后，递给我一本厚厚的书稿，"请帮忙做个序"。还没等我回答，他就匆匆起身，说是要回乡里布置防疫工作。在这特殊的日子里，这个突如其来的任务和莫大的殊荣，让我惊喜万分。编纂专门的叠石文史资料是叠石有史以来第一次，是历届乡党委、政府的共同心愿，如今得以完成，是可喜可贺之事；做好文史编纂是政协工作的重要组成部分，是一项有益当代、惠及后世的文化事业，我作为政协人更是责无旁贷，于是欣然答应为其作序。

历代修撰的《福鼎县志》对叠石乡的风物没有太多的记载。但本书的编纂者揣着对家乡的深切感情和对文史工作的热爱，克服人手缺、时间紧、资料少等诸多困难，广泛收集史料，认真查阅文档，深入实地调研，对照实物考证，努力厘清脉络，准确掌握史实，对叠石的历史起源、行政沿革、地理资源、库区建设、人文名胜等进行深入细致的梳理，真实地反映了历史，让我们对叠石乡有了一个更新、更全面的认识。其中，有的史料还是第一次搜集、挖掘，弥足珍贵。"事非经过不知难"，本书稿凝聚着编纂者的汗水和智慧，他们的敬业精神、努力付出，值得我们学习、敬佩。

本书不仅把我带回到在叠石工作生活的那些日日夜夜，更是带着我进行一次穿越时空的旅游。

——她宛如一叶小舟，带着我们在历史的长河中溯源而上，去探寻生活在这片热土上先人们的足迹。在距今一千多年前的唐末，迁徙到斯土斯地的先人们看到这里山清水秀，风景宜人，峰峦重叠，有67座海拔在700米以上的山峰，有古冰川遗迹——车头龙井，有号称"华东第一大峡谷"的会甲溪，有丰富的银、铜、铅、锌、硫以及稀有的氡泉等地下矿藏，恍如到了"世外桃源"，于是在此驻足安家、逃避战乱、开荒拓土、采矿耕织，劳作生息、繁衍后代，此后的千百年间陆陆续续有人迁徙至此，这块荒芜的蛮地有了延绵不断、兴盛不衰的人间烟火。元末，据传是包拯的后裔从浙江泰顺迁徙到庙边村；清乾隆年间，相传是寇准的后裔从泉州德化迁徙到庙边村；可能是会甲溪"有崇山峻岭，茂林修竹，又有清流激湍，映带左右"，与《兰亭序》中描述的流觞地十分相似，于是明代正统年间书圣王羲之的十三世孙王务琨后裔王洪四、王洪七举家从霞浦赤岸迁徙到叠石村。明代天顺年间楼下村的夏氏三世祖又迁至福鼎，成为玉塘夏氏的肇基始祖，开始了玉塘夏氏几百年的兴盛，并给后人留下玉塘古堡。北宋年间，人们便在竹洋玉林开采银矿，现有矿场遗址多处，最深的矿洞达300米，等着人们去探秘、寻宝。

——她犹如一幅画卷，用朴实的语言、翔实的史料，描绘出一幅幅反映叠石悠久的历史、深厚的文化、丰富的资源、淳朴的民风，以及勤劳朴实的叠石人民世世代代在这里劳作生息的生动画面。尤其是革命战争年代，刘英、粟裕等老一辈革命家在曾是中共闽浙边临时省委和中国工农红军挺进师驻地及鼎泰区委大本营的竹洋村，发动群众、传播革命火种，和国民党做殊死斗争，那英勇和悲壮的历史画面被真实再现，让我们再一次受到血和火的洗礼，给我们留下强大的红色基因、宝贵的政治遗产和丰富的精神食粮。在移民相关文章中描绘了举全县之力，从1974年8月10日开始动工，全县各公社民工，自搭工棚、自带工具、自备饭菜，最多时8000人云集工地，建设南溪水库的沸腾场面；历经十载栉风沐雨，艰苦创业，克服重重困难，于1984年8月竣工建成的总库容为6700万立方米的南溪水库，成为福鼎城区几十万人民的生活饮用水源，造福了一方，但南溪人舍小家为大家，淹没耕地1630亩，拆迁房屋3170间，移民439户2200人，除一部分就地上山安置外，大部分的群众外迁至秦屿、硖门、塘底、管阳、西阳、兰田、涵头等地。

——她也是一首诗篇，赞美了生活在艰难困境中的叠石人民世世代代艰辛奋斗的精神和坚忍不拔的意志；讴歌了在革命战争年代，竹洋村人民在共产党的领导下，投入轰轰烈烈的革命洪流中，前赴后继为革命做出重大贡献、付出重大牺牲，满怀对党对红军的赤胆忠诚，挺起对敌不屈抗争的铮铮铁骨；谱写了在社会主义建设和改革开放中，叠石人民自强不息、奋力拼搏，不甘落后、摆脱贫穷，勤劳致富奔小康，建设社会主义新农村的幸福乐章。

"苔花如米小，也学牡丹开"。叠石这个位于福鼎西北部山区、闽浙两省交界处、与浙江省泰顺县毗邻的偏远小乡镇，远离城区的繁华喧闹，默默地安得一隅，不显山露水，但她从未看轻自己，犹如米粒般的苔花，依然像雍容华贵的牡丹，开得热烈奔放，活得自在从容；也犹如一株小草，虽然不光彩夺目，虽然不鲜艳多姿，但她以顽强的生命力，扎根于大地，以自己的盎然绿意，装扮了大地。

古人言，山不在高，有仙则名；水不在深，有龙则灵。其实，一方水土养一方人，生活在这方水土的人，他们无法选择甚至也很难改变这里的山高水深，但他们可以通过一代又一代的勤劳与智慧，让这方水土的山有名，水有灵，从而让子孙后一代在这里更好地繁衍生息。对生活在这方水土的人们来说，山上的仙，水中的龙，其实就是一代复一代人的他们自己。叠石的人民正是靠自己的勤劳与智慧成为这块土地的主人，不仅造福了自己，也造福了子子孙孙；不仅改变了叠石，也为福鼎的发展做出应有的贡献。

回顾过去是为了更好地出发。本书的出版必将为叠石未来的发展发挥"以史鉴今，资政育人"的独特作用。叠石的明天必将更加美好！

是为序。

（本文作者为福鼎市政协原副主席、二级调研员）

目 录

山川故里

叠石地名考 …………………………………… 003
叠石行政区划变更简况（1949年前）………… 008
叠石乡自然资源概述 ………………………… 011
石鼓岚记"奇" ………………………………… 013
秘境杨梅溪 …………………………………… 016
庙里乾坤 ……………………………………… 019
车头寻隐 ……………………………………… 022
行走里湾 ……………………………………… 025
《分疆录》里的会甲溪 ……………………… 029
叠石村地理风貌 ……………………………… 031
叠石惊现冰柱奇观 …………………………… 034
苏山"起解" …………………………………… 036
库口往事 ……………………………………… 039
南溪撷要 ……………………………………… 044
楼下之美 ……………………………………… 048
漫说丹峰 ……………………………………… 051

经济社会

叠石乡主要姓氏 ……………………………… 057
叠石畲族 ……………………………………… 069
南溪水库 ……………………………………… 074
南溪水库建设始末 …………………………… 076
南溪水库建设三十五载话沧桑 ……………… 082
叠石乡的水电站 ……………………………… 088
叠石乡历史上几次森林管护事件 …………… 093
叠石茶业发展简史 …………………………… 096
南往群众修公路 ……………………………… 102
叠石乡交通概述 ……………………………… 104
叠石乡卫生简况 ……………………………… 112
叠石乡教育简史 ……………………………… 116

1

张家粮的"家风"轶事…………………………………………… 125

🌿 古迹寻访

叠石关访古………………………………………………………… 131
叠石古银硐………………………………………………………… 134
古林寺考…………………………………………………………… 138
闽浙古道上的遗存………………………………………………… 141
叠石古戏台………………………………………………………… 145
里洋苏氏古民居…………………………………………………… 148
苏山村百年贡生府………………………………………………… 151

🌿 物华吟赏

叠石印染工艺……………………………………………………… 155
秀章马灯…………………………………………………………… 157
南往村发现古银锭………………………………………………… 160
寻访郭沫若墨迹…………………………………………………… 163
库口赏寒芒花开…………………………………………………… 165
兔子粑……………………………………………………………… 167
树豆腐与金樱子花饼……………………………………………… 168
水库鱼头…………………………………………………………… 170
咸猪蹄……………………………………………………………… 172

🌿 人物春秋

叠石先贤录………………………………………………………… 175

附录

大事记……………………………………………………………… 180
宁德地区部分贫困乡主要矿产资源情况一览表………………… 191
叠石公社土壤普查报告书………………………………………… 193
叠石乡名木古树统计表…………………………………………… 196
叠石乡石刻、古建汇总一览表（清代、民国）………………… 204
基于TDIS框架下的叠石乡旅游形象塑造策划…………………… 205

山川故里

叠石地名考

◎ 蔡勇明

山乡叠石，历史悠久，典籍中有文字可考的历史最早上溯到五代十国时期。清顾祖禹《读史方舆纪要》卷九十六"分水关"记载："《泰顺县志》云：州东北有叠石关与分水关，俱闽王所置，以备吴越。"

叠石地名，承载的信息非常丰富，有记述古代交通、关卡、防卫的情况，如叠石关、隘门、牌岭隘；有反映古代矿业开采、农事生产、生活场景与历史事件的，如银硐、官衙、龙埠、瓦窑坪、八斗、萝八、萝七、三萝二、油坊岭、米磨坪、菇楼、田垄；有反映氏族定居布局情况，如洪厝、盛厝、方家山、苏家山、杨梅溪；有记录方位或交通部位的，如山下氡泉、柴企岭、半岭亭、南溪、庙边；有反映特定地形、地貌、气候特征的，如马尾、丹峰、羊蹄坑、猪母石、鹿丘、龟仔山、石鼓岚、双溪口；有反映地方特产资源的，如寒草冈、蛤蟆园、古林、石竹坑、蛇坑、柏树、苦竹尾。有对研究当地语言有较高价值的，如火热溪；有以地形建筑直接命名的，如仓边、宫下、宫尾。

清光绪《福鼎县乡土志》描述，菰岭以北的叠石乡"山愈深，地愈僻，而风俗愈古。蚩蚩者氓，率凿井饮，耕田食，老死不相往来，语以秦汉后事，咸诧为异闻。然以其地僻而山深也，往往有虎患"。所以，叠石当地至今也留有众多的地名，与虎患、虎形有关联，比如，虎咬牛（车头村）、老虎丘（仓边村）、虎头柘（里湾）。

研究这些地名背后承载的种种信息，可以了解丰富的民情、悠久的历史，对促进经济、传递文明、激发热爱家乡的思想情感、传承中华民族的优秀文化、滋养后人，均有助益作用。现就笔者掌握和考证的叠石地名做一个大致的探索，希望有识之士，继续补充完善。

叠石　相传叠石关所在的位置，旧有两块巨石，远观像两块石头重叠的样子。古代建设关隘，因为人力、运输与交通的原因，选址往往依山就势，关隘所在的位置，是一个深"V"形的隘口，笔者实地走访，关隘边的确也存在过一个较大型的采石场。由于存续几年，当地的地形地貌，已有所改变，但现在还能大概看出关隘修筑时的周遭环境，的确是两山对峙中，凭山就势而筑关墙。闽王王审知凭山据险在此地修筑叠石关，抵御吴越国入侵，确能收到"一夫当关，万夫莫开"的效果。叠石，当地曾雅称之为"玉石"，但当地并不产玉。东汉许慎在《说文解字》中对玉做了明确的定义："玉，石之美，有五德者。"也就是说，漂亮的岩石，只要它具有玉的五德，就都可以称之为玉。这应该是叠石当地人对家乡的一种良好期待吧。叠石关下叠石村，附近还有更楼、营盘坵、跑马坵等小地名，显然与当年的关隘附属设施、驻军生活关联甚多。

汇甲溪　亦称会甲溪、火热溪。流经叠石乡茭洋、庙边、叠石、竹洋等村。此溪是闽浙两省共有的一段河流。汇甲溪得名有多种讲法。一种是讲，汇甲溪上游承天村，出温泉，溪水是热的，故而当地人至今仍俗称之为"火热溪"。泰顺地方志《分疆录》卷三"建制·井泉·汤泉"载："在牙阳水口溪涧旁，俗谓之火热溪，泉从涧边小石池中涌起，四时热如汤，冬月尤烈，惜在幽僻，鲜有知者，故旧志失载。"此溪另一种叫法是"汇甲溪"，还是《分疆录》卷二"舆地下·山川·牙阳溪"载："发源浦山洋，至下村水口，合排岭水，又合莲头及孔目阳、东安诸水，出福鼎马尾溪。"溪流流经之地，两岸风光秀丽，常说山是风景的骨骼，水是风景的血脉。此地名能叫汇甲溪抑或会甲溪，自是有夸耀、赞美之意，可以理解为汇集或会聚山水美景于一溪吧。

竹洋　竹洋在清光绪《福建内地府州县总图》中被称为"淡竹洋"，当地群众至今仍有同样叫法。淡竹，分布于中国黄河流域至长江流域各地，是常见的栽培竹种之一。该种竹笋味淡；竹材篾性好，可编织各种竹器，也可整材使用，作农具柄、搭棚架等。

竹洋风光（蔡勇明 摄）

《尔雅》讲："洋，溢也。"可见，古代此地盛产这种禾本科、刚竹属植物。

银硐　硐，意为人工开挖的洞穴。竹洋村属一自然村名，宋名玉林银场，因银矿遗址得名。山地蕴藏铅、锌，伴生银、铜、镉、硫矿。此地古代产银，典籍中多处提及。《宋史》记载："长溪，望。有玉林银场及盐场。"明黄仲昭《八闽通志》卷之二十四"食货"载："玉林场，初输银并铅，后输铜。"宋梁克家《三山志》载："玉林场，熙宁间发。六年，收银五百七十八两，铅四千九百五十斤。七年，收银一千三百六十七两、铜一十万八百四十八斤。置监官。绍兴三年三月停。"

马槽、官衙　均为竹洋村银硐自然村附近地名，应也与古银矿开采有关联，马是古代主要交通运输工具。按志书讲法，此地曾"置监官"，可以大胆猜想：南水石竹坑渡口附近地名"马槽"（今属桐山岭头村辖），应系古银矿矿监官员或矿工用马的饮马、系马处；"官衙"系矿监官员办公地或驻地。当地民间传说银矿石开采提炼后在此地过秤。

石鼓岚　清嘉庆《福鼎县志》："石形如鼓，击之有声。"竹洋行政村下辖一自然村名，当地居民以吴姓居多，宕顶吴氏传因祖山山巅有一巨石，形似巨鼓叩击而有声，因而得名石鼓。岚，从字面上看，应为一个高山雾气缭绕的地方。

山下　叠石乡叠石村下辖一自然村名，旧通公路，今废。原有王姓村民约80人，10户左右，现已搬迁至泰顺雅阳、福鼎城区、叠石集镇等地定居。村因处叠石山下北侧，故得名。西有氡泉。1984年《福鼎县地名录》收录为叠石公社叠石大队属下"山下氡泉"的自然村。

王海　茭阳村一自然村地名，2023年版《福鼎县志》"大事记"载："正统十年（1445），开采黄海、黄社（今称望海，在叠石乡茭阳村）二银坑，正统十四年废。"清光绪《分疆录》中，也有"明初开矿……其时银矿之在闽界者，曰马尾、曰马头、曰黄社"的记载。可见，望海银坑在明初时开采无疑。望海亦称王海，与竹洋村银硐一山之隔，就在银硐下游一座山岗的另一侧，银硐的人称呼望海银坑所在位置为"银洞僻"，称其银坑为"十二间"。望海山，《福鼎县乡土志》"十八都分编"载："望海山者，西向诸山之祖也，高可扪星斗，距海百里，石壁上缀有蛎壳，其山精凝结耶？抑海风吹送到此？奇甚。"

苏家山　现为叠石苏山村一自然村名，但在光绪年间叠石乡苏山村亦称苏家山。苏家山原为苏姓族裔居住地，后因遭受火灾，苏家从此另择白琳翁江居住。约在200年后张姓始祖迁居至此，找到苏姓族裔香炉并当作地主供奉，从此繁衍生息于苏山这块美丽的土地。

大将　叠石乡楼下村自然村名。据《玉塘夏氏族谱》载："明永乐二年（1404），上偃武,以各卫所屯田,若官员、军戎愿归农者,不限顷田,令开垦自收,复输将官仍锡钤记印本服制。公(福鼎夏氏始祖夏章保,号万真,从军福建,原系建宁卫戍军千户,后授武德将军)倦于戎马,欣然归田以老,遂偕金氏夫人锭娘挈长子景旻(世袭武德将军)、次子景清落屯建宁右卫,卜居长溪桐北十八都大嶂地方。"十八都属今叠石乡。夏章保为福鼎夏氏入闽一世祖,今福鼎叠石乡楼下村柏模自然村仍有一支夏姓后裔生活,故推断大将得名应与此有关。

杨梅溪 叠石乡行政村名,据传,古时有杨、梅两姓,望溪而居。如今杨梅溪仍有梅姓后裔居住,但杨姓似乎就全体外迁了。

庙边 叠石乡行政村名。庙边村有宋代古林寺,庙乃寺的俗称,故名。

古林 庙边村一自然村地名。旧时,此处为一片茂密的森林,今仍有多株百年老树,村中有宋代古寺,得名古林寺。

仓边 叠石乡行政村名。应是仓厫边的简称。仓厫,是储存粮食的地方。古时农业生产不发达,粮食储藏条件有限,人民生产、生活受气候影响较大,为了保证粮食安全,民间和政府都要选择在一定的地方兴建仓厫,存储粮食。大致运作模式是丰年储粮,备粮食歉收或者闹饥荒的年份时,将粮从仓中调出使用。

蛇坑 仓边村一自然村地名,现作谢坑。《光绪福建内地府州县总图》中注为"蛇坑",莽荒时代,此地是否为蛇类盘踞之处,后雅化为"谢坑"?值得进一步探讨。

车头 因地形关系,闽浙两省界河车头溪、彭溪在此处合流,两股水流切割日久,形成一闻名的"龙井潭",其上方断崖处形成一瀑布,瀑布方言曰"漈",故此地上方村落得名"漈头",意即瀑布流水源头处。另据车头村望姓《唐氏族谱》记载,始祖"邓氏妈"来源于闽南客家,因此车头村民亦操闽南语为主,在闽南语中"漈头"与"车头"谐音,村名成了"车头"。

车头村社戏(蔡勇明 摄)

小章 叠石乡里湾村一自然村地名,据说前岬村后面秀美,故又称秀章。

茭阳 也称茭洋。清嘉庆《福鼎县志》:"茭阳山,《府志》:山巅有岩如盖,天雨飞瀑万丈,晴则散丝如雾,流入南溪。"茭阳,叠石乡一行政村地名。据茭阳何姓宗谱记载,其先祖何天鉴在明代崇祯末年,自原籍福建汀州,避战乱,先迁浙江泰

1940年南溪乡属地

顺墓岭（今浙江泰顺雅洋埠下石楼梯），不久迁居福鼎十八都茭阳，后在茭阳岭头修建蛟峰亭。茭是否为"蛟"音演化而来，茭阳是否米源于"蛟洋"有待考证。

排岭 茭阳村一自然村地名，《福鼎县乡土志》中做"牌岭"，系闽浙两省交界处，岭上旧时建有"牌岭隘"，又有一界牌，"排"显系"牌"字讹传。明代，排岭曾发生过一场著名的抗倭斗争。

库口、龙埠 "库"，指存储大容量东西的建筑物或地方，有"库容"一词，结合后面龙埠的来源考证，可知，库口应为水域相对比较宽广的一处水面。"龙埠"，库口一自然村地名，《宁德地区志》"桐山溪航道"条目中讲，北宋时，泰顺雅洋一带竹、木及土特产品可经泰顺溪头村由竹排运达桐山，桐山溪流经库口、透埕、山满、高滩注入桐山港，当年桐山港海水大潮时可涨至上游5千米处的山满村，因此库口龙埠自然村实为当时的一处水运中转码头，福鼎俗呼"龙船埠头"，简称龙埠，是可信的。《福鼎县乡土志》中也认定龙埠与库口、南溪等地名均属于"以水名"。

叠石行政区划变更简况（1949年前）

> 蔡勇明

清乾隆《福宁府志》载，叠石当时属劝儒乡廉江里十八都。十八都当时辖水北、上坪园、贯岭、秀程、坑下、大障、柏模、库口、上澳、叠石、王家洋、南溪、茭洋、沿屿、大山和章峰。

清嘉庆《福鼎县志》卷一载："治北一十里起为十八都，原州廉江里十八都一图，村二十五。水北、上坪园、贯岭、透埕、乌溪、坑下、大障、柏模、库口、龙埠、上澳、叠石、王家洋、南溪、茭洋、沿屿、马山头、大山、章峰、望海、庙边、古林、孤岭、高滩、河坑。"当时，叠石乡大致也在这个十八都范围内，与乾隆年间相较，今天叠石乡辖区范围内村落增加了龙埠、望海、庙边和古林四村。

清光绪《福鼎县乡土志》载："治北一十里起，为十八都……村二十有五，北界叠石，南界大山，东至透埕，西穷沿屿，延袤五十余里，南溪、茭阳、樟峰各村宅其中……大抵此都乡名多以山川：上坪园、贯岭、大樟、叠石、马山头、樟峰、茭阳、柏模、庙旁、古林、菰岭、沿屿、叠石、大山，以山名；水北溪、透埕、乌溪、龙埠、上墺、河坑、高滩、坑下、王家洋、南溪、库口，以水名。"从中，我们得知的信息是：十八都此时的四至明确及各村命名的渊源。

民国《福鼎县志》卷二载："治北一十里起，为十八都，原州廉江里十八都一图，村二十五。水北（俗呼'水北溪'）、上坪园、贯岭、透程（《府志》作'透埕'）、乌溪、坑下、大障、柏模、库口、龙埠、上澳、叠石、王家洋、南溪、茭阳、沿屿、

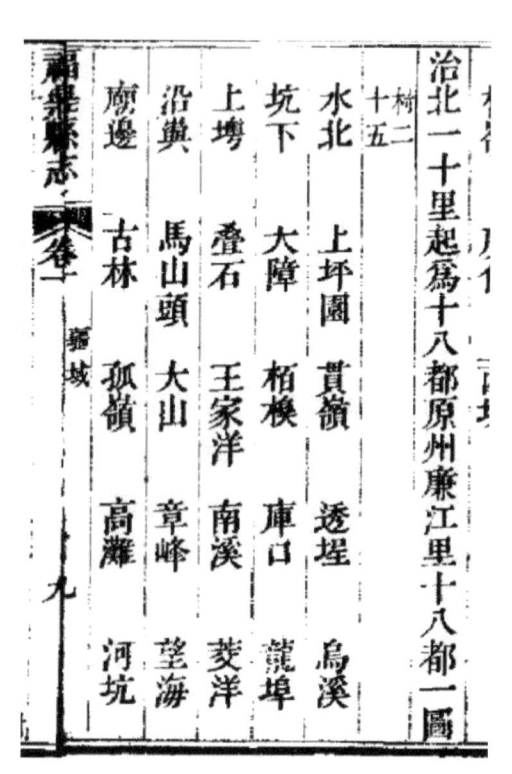

清嘉庆《福鼎县志》记十八都范围

1940年叠石乡属地

马山头、大山、章峰、望海、庙边、古林、孤岭、高滩、河坑。"从中，我们看到此时的十八都辖区范围与辖村都没有变更，沿袭了清制。后面的"自治区分编"记载：

> 福鼎全县为都二十，合以在坊实计二十一都。旧志云然，及今无异清季。邑中筹办自治，其制以区计，分全邑为十九区，曰城区、曰玉塘区、曰果阳区、曰管阳区、曰安仁区、曰水郊区、曰点头区、曰白琳区、曰磻溪区、曰秦屿区、曰硖门区、曰后岚区、曰巽城区、曰店下区、曰沙埕区、曰前岐区、曰南溪区、曰库口区、曰松阳区，其实即二十都之变相，持取其都之繁盛地以名区耳……二十一年（1932），县奉省政府令复办自治，以旧二十区幅员太狭，将全邑划为第一、第二、第三、第四、第五自治区……第五区居全邑西及西北部，合旧有之管阳、果阳、南溪、安仁四区为一区。东至石壁垒，与一区浮柳阳界；南至娄山，与四区大小峨界；西至上贯外，有溪与霞浦占岭界；北至沈青葫芦门，与浙泰墩头界；东南至王孙，与一区郑岐、四区半岭亭界；西南至管阳，与霞浦查阳界；东北至望海山，与一区叠石山界；西北至天分隘，亦与浙泰墩头界。全区地约二千四百方里，户七千有奇，人民三万四千七百有奇。镇无，乡十有五：管阳、古林、樟峰、茭阳、圆屿、南溪、白石、王孙、果阳、金溪、花亭、安仁、西崑、缙阳、望海。附乡九十有奇。

可见，此时的十八都的范围在此文献中做了更进一步的明确。而且可以看到今日的叠石乡辖区被分割为了两个区，一个是库口区，另一个是南溪区。而且此时辖区内没有镇（对应今日大乡镇里的大村）的建制，只有村的建制，而此时称之为"乡"，全区被划分为15个乡，大致归今天叠石乡管辖的有古林、茭阳、南溪、白石、望海五乡。

民国后期，叠石乡现有行政村分属当时南溪、秀岭两乡，1943年后秀岭乡分立为贯岭、库口两乡，1948年4月档案又见今库口村、仓边村、车头村、丹峰村划入当时秀岭乡辖。

民国时期大致行政辖区变更情况为：

南溪乡 1940年3月，第一区南溪乡辖香山、竹坑、南溪、小章、南泗、章峰、里湾、茭阳、古林、玉石、竹洋、鼓岚、双溪13保；1941年11月，辖香山保、竹坑保、南溪保、古林保、茭阳保、小章保、里湾保、南泗保、章峰保、双溪保、玉石保、竹洋保，计12保；1942年加入鼓岚保，计13保；1944年改辖柳阳保、香山保、南溪保、小章保、南峰保、里湾保、茭阳保、古林保、玉石保、竹洋保、鼓岚保、双溪保、苏山保，计13保；1948年4月，公文亦见称南溪保为兰溪保。

秀岭乡 1940年3月，第一区秀岭乡辖王家、岭头、库口、苏山、仓边、排头、包垟、透埕、石潭、坪园、西山、邦福、军营、洱头、乐仪、茗洋、茗南、汪洋、分关等19保；1943年，原秀岭乡划分为贯岭、库口两乡，库口乡辖王家保、岭头保、库口保、排头保、透埕保、仓边保、包垟保，计7保；1944年7月，秀岭乡辖坪园保、邦福保、洱头保、军营保、贯岭保、分关保、汪阳保、茗阳保、透埕保、包南保、仓边保、排头保、库口保、佳岭保等14保；1948年4月，秀岭乡辖坪园保、邦福保、洱头保、贯岭保、军营保、分关保、汪阳保、茗阳保、透埕保、排头保、包南保、仓边保、库口保、王家保、岭头保等15保。

叠石乡自然资源概述

蔡勇明

叠石乡位处福鼎市西北部山区，闽浙两省交界处，属于中亚热带海洋性季风气候区。区域呈哑铃形，总面积76.8平方千米，距市区32千米。2019年统计数据显示，叠石乡辖区总人口2万人左右，人口密度每平方千米267人。

叠石乡蕴藏大量的金属矿藏和地热资源，这在南宋的《三山志》中有叠石玉林场的相关内容记载。清代浙江省泰顺的《分疆录》等志书也有提及。文献记载，熙宁五年（1072），北宋朝廷就在叠石竹洋村玉林（今叠石乡竹洋银硐自然村）组织开采银矿，并设有监官。明正统十年（1445），政府又开采黄海、黄社（今称望海，在叠石乡茭阳村）二银坑，正统十四年（1449）废弃。

中华人民共和国成立后，又有许多专家、学者开始关注这一地区的丰富资源，开展相关研究并发表大量论文，阐述观点，为后续的开发、研究奠定基础。1956年5月起，就有华东地质局三四一队第一普查分队对南溪地区进行地质勘探。

近现代，叠石乡的南溪水库周边铅锌矿、会甲溪流域地热资源一度也得到不同程度的开采或利用，随后，由于南溪水库1973年开始兴建，旋即水库定位为城区饮用水库，继而，整个叠石乡又被定位为南溪水库水源涵养地，所有存在污染可能的企业全面停工。叠石乡整体自然资源开发处于严控或相对停滞的状态。

目前，在叠石乡南溪水库周边，已探明银矿，属国家中型矿床，并伴铅、锌、铜、硫、铁等13种有色金属。铅锌矿储藏量为1437.7万吨，平均品位为11.4%，还有大量的花岗岩、辉绿岩、丹峰凝灰岩、石英石、苏山高岭土等矿产。其他自然资源有氡泉，喷口泉温达68℃，主要分布在华东大峡谷、南溪水库人工湖、会甲溪—库口地下脉带。

除此之外，叠石乡峰峦起伏，有会甲溪、车头溪、茭洋溪、徐溪等发源或流经叠石，水资源丰富。继1970年建成乡属电站车头水电站二级站（股份制企业）后，1984年建成总库容为6700万立方米的南溪水库（市属）。又陆续建成苏山水电站（全资）、库口水电站（全资）和茭泉水电站（民营股份制），全乡水电总装机容量现已达5630千瓦。还有规划中的三井面水电站。水电产业已成为叠石乡重要的绿色支柱产业，为乡村振兴，发挥可观的经济和社会效益服务。

南水渡头秋色（蔡勇明 摄）

继水电产业发展的同时，又由于叠石乡位处山区，开发较晚，人少山地多。民国《福鼎县志》卷一"第五自治区分篇"称此地："区盖处全邑上游之右，而僻在群山万壑中者也。"1973年，福鼎县委、县政府在南溪等偏僻山区开展福鼎县第一次飞播造林。1977年冬，叠石乡里湾林场开始筹办。至1979年1月中旬，正式完成万亩林造林任务并套种其他作物，还支援福清县杉树苗十万多株。2015年6月至8月进行的福鼎市名木古树普查显示，叠石乡拥有百年古树近百株。

长期的生态保护为叠石乡带来良好生态效应。叠石乡南溪水库周边观察到较多数量、种群的鸳鸯、白鹇、野猪及南方红豆杉等国家重点保护动植物资源。2012年，叠石乡被命名为第五批福建省省级生态乡镇。饮用水水质达标率95%以上，生活垃圾无害化处理率达98%，人均公共绿地面积14.2平方米，森林覆盖率60%以上。

桐山溪在闽浙两省叠石段，称会甲溪，流经叠石乡境内茭洋、庙边、叠石、竹洋等村，沿途汇聚茭洋溪、车头溪、徐溪等支流，注入南溪水库，继续流经叠石乡马尾、库口后注入桐山溪中段水北溪，桐山溪整个流域面积达352.6平方千米，其中在福鼎境内的流程长32.3千米，流域面积193.3平方千米，滋养叠石乡沿途村落。山水俱佳的自然条件，为出产好茶奠定良好的生态环境基础。1995年版《福鼎县志》载，叠石乡产命名为无性系"楼下早"，是当下颇有影响力的茶树品种。

相信孕育出良好生态环境、蕴藏多种资源的叠石乡，一定能为后续的生态开发、打造生态康养乡镇、带动乡村振兴，带去不竭的原生动力。

石鼓岚记"奇"

> 蔡勇明

叠石乡竹洋村石鼓岚自然村,距福鼎市区 23 千米。关于"石鼓"二字得名,《宕顶吴氏族谱》认为,传因其地山巅有一巨石,形似巨鼓叩击有声,故而得名。岚,从字面上看,应为一个高山雾气缭绕的地方。巨鼓位于何处,至今不得而知。

清康熙年间,原籍浙江宕顶的吴公廷槐携子三,自现浙江省苍南县五凤乡五岱迁入石鼓岚。如此算来,吴氏先祖迁鼎至少已有近 300 年时光。

传奇的许氏始祖妈

相传,吴氏迁居初期,因自然条件恶劣且吴氏人丁未旺、经济困难,在当地势单力薄而屡遭邻近异姓无端欺负。吴廷槐殁后,许氏祖妈独撑家业,带领子孙拓垦农耕。

俯瞰石鼓岚(蔡勇明 摄)

一日，邻近异姓众人又上门寻衅，据传，许氏祖妈自幼习武，功夫了得，心地善良的她不忍伤人害命，但为立威树信、息事宁人，无奈之下，许氏将一把铁钉耙立于场院当中，跃身而起端坐在锋利的铁齿之上，对着早已惊得面无人色的众人笑道："谁愿一试？"众人见许氏有如此神功，面面相觑不敢近前。心中暗揣，吴许氏功夫如此之高，吴家子孙定然也是个个武功超群。面对吴许氏之神威，众人个个心中暗打退堂鼓。最终在乡人调解之下与吴家达成谅解，自此未敢再与吴家过结。此后，吴家在当地声望渐起，平顺发展。

神奇的大锥栗树

石鼓岚吴氏祖屋，系其先祖廷槐公晚年所建，原有五间单层木结构瓦房，现存四间，迄今逾两百余年。吴氏祖屋上方，有一片参天锥栗树小群落，远看十分显眼且壮观。据传，树系吴氏五世孙为护吴廷槐墓葬，于康熙年间手植，惜于1957年"大炼钢铁"期间遭到砍伐，但堪称一奇的是，现存林木乃原老桩复发枝又自然

石鼓岚大锥栗树（蔡勇明 摄）

长成，几十年过去后，近十株锥栗树，株株主干又近一人合抱，树下仰望，树冠蔽日；远看婷婷而立、姿态美观，称为地方一景。2015年7月，石鼓岚自然村因此树的观赏价值，被叠石乡列入竹洋村生态旅游规划《富竹满洋》，并定名为"鼎天栗地"。

失落的发家史：大元宝石

石鼓岚村路口下方，有一片老屋，据吴家后人口述为吴廷槐后裔三房住所。房前台阶下有一石头，造型奇特，青石打造，石呈倒梯形，状如元宝。经测量，此石底部宽60厘米，上部宽约100厘米，厚度为35厘米，高度约62厘米。石右侧有两排文字："道光丙申年（1836）立 吴永利号记置。"

元宝石，因其形状神似元宝而得名，是古代染布作坊用于碾整染布成品的特有工具，小者五六百斤，重者千余斤。元宝石下另为一长方形垫石，中心纵向呈浅凹状，

与上爿元宝形石底部横向的圆弧相吻。碾布作业的情景是"下置磨光石板为承，取五色布卷木轴上，上压大石如凹字形者，重可千斤，一人足踏其两端，往来施转运之，则布质紧薄而有光"。明代宋应星《天工开物·乃服》中载："凡棉布寸土皆有，而织造尚松江，浆染尚芜湖。凡布缕紧则坚，缓则脆。碾石取江北性冷质腻者（每块佳者值十余金），石不发烧，则缕紧不松泛。芜湖巨店首尚佳石。"这不仅记录当时松江织造业和芜湖浆染业的发达繁荣，也记下元宝石的一些情况，很是珍贵。现存元宝石大小两对，大者重约250千克、小的也近150千克。用如此体量的元宝石，可以想见当年吴家应是方圆内有名的织染大户，不然不至于如此排场。

大元宝石（蔡勇明 摄）

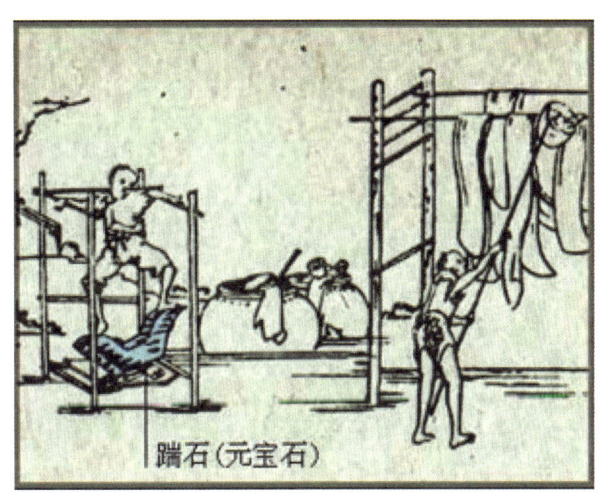

古法印染图中的踹石

珍贵的树种：中华蚊母树

石鼓岚新厝前还有一片吴家风水林，当地人称"標（音：飘）树"。经市林业部门调查确认是珍贵的国家二级珍稀植物"中华蚊母树"。蚊母树对烟尘及多种有毒气体抗性很强，能适应城市环境。树皮内含鞣质，可制栲胶；木材坚硬，可作家具、车辆等用材。对二氧化硫及氯有很强的抵抗力，是很好的环境树种。蚊母树枝叶密集，树形整齐，叶色浓绿，经冬不凋，春日开细小红花，颇为美丽，加之抗性强、防尘及隔音效果好，是城市及工矿区绿化及观赏树种。当地百姓告诉我，此树主要合适作为古代船舶用材。

秘境杨梅溪

蔡勇明

杨梅溪地理位置和得名

杨梅溪村系福鼎市叠石乡的一个行政村，南溪水库水源之一徐溪穿境而过。村距乡驻地14千米，西北接浙江泰顺雅阳镇埠下、吴家墩等行政村，南隔钰阳溪与管阳钰阳、沿屿村相邻，东接叠石里湾，北与叠石苃洋村相邻。杨梅溪村的得名，相传源于古时梅、杨两姓隔溪相望而居。

深丘印记

深秋时节初访杨梅溪，车到深丘自然村，入眼就是一片金色。现在农民都爱将稻田改种经济价值更高的作物：茶或黄栀子。成片水稻的梯田，是稀缺、罕见的景观资源，但在深丘，此时白色寒芒包围的田野里成片的金黄！我们赶上"深秋（丘）"真正的收获季。

杨梅溪风光（蔡勇明 摄）

此地虽位处深山，却也有一座临水宫。传说此地原无祭祀临水夫人的临水宫，某日其香炉飞入此地，从此香火绵延。深丘山上另有一座古刹，名为清峰，始建于清朝，古刹清幽，寺后狮子岩上"二十八星宿"屹立，"十八罗汉"俱全，风景绝佳。登临狮子岩，可以极目纵眺杨梅溪群山。山不在高，有仙则名，狮子岩上的香火与众多神位完美地诠释了刘禹锡《陋室铭》里的名句，果不其然。

桃花岭、第一坑、种蓝人后裔

杨梅溪村的第一坑、桃花岭等自然村旧属里湾管辖。当年交通闭塞、地处偏远。革命战争年代，鼎泰游击队、中国工农红军挺进师都曾在此浴血奋战，先烈的热血染红过这片土地。向导告知，岭唤桃花，却难觅其踪，沿小道行走不远，在山头就看到一片翠绿掩映下的深谷溪流，此地唤作"天下第一坑"。实为南溪水库另一源，也是管阳、叠石界河钰阳溪中一段峡谷。细细看来，峡谷从山头深切近百米、绵延几千米，若不通路，此行难度系数有点高。峡谷中有株高大的枫树，叶呈微黄。走进谷底，耳伴哗哗流水、眼盯斑斓河道、呼吸清新空气，想必游人到此，定会有下到溪里、伸手洗洗、或掬口水尝尝的举动，瞬间有终老山林的冲动。

第一坑中仅有一户人家，土墙木屋。赖姓主人回忆，当年先祖从浙江泰顺迁居这么偏僻的地方，一为躲避匪患；二是祖上当年以种蓝（旧时印染原料）为生。屋后一片巨石下，据传是当年红军的藏身处，赖家长辈曾给红军送过饭食。因"通匪"，赖家老屋当年被焚，赖氏后裔为此搭窝棚过了十几年。后来，政府给赖家人修了现今的泥墙木屋作为补偿。主人说，距老屋不远，还有一处红军合葬的无名冢。

杨梅溪古道（蔡勇明 摄）

坪路下古路亭、古民居

离开第一坑，到了坪路下，听闻有一废弃的路亭，拨开疯长的乱草，踏步入内，发现古亭木构件已多处朽烂，主梁也早已断折，最终在一面残墙上发现亭碑，碑载，此亭名曰建安，兴建于清同治五年（1866）。从路亭梁柱的粗壮，可以想见此地当年的繁华。

坪路下古民居（蔡勇明 摄）

森林、瀑布、峡谷的交响 ——羊蹄坑

羊蹄坑，绝非浪得虚名！行进的路上不见阳光，头上林木参天，遮天蔽日，眼前尽是藤蔓植物，前进的路上，林下几乎不见长草，脚踏的尽是松软、厚厚的枯叶，一不小心，有时还会打滑。向溪谷行进的路上，居然可以斜着俯视谷底的阳光，林中很安静，但谷底却很喧哗，透过树隙，可以看见流水闪现，听水声，亦能辨别出，水流经过了多处的断崖。有几处地方，向导在前面开挖后，我们跟进，才发现下坡在羊蹄坑不是易事，幸亏有粗大的野藤几次"加持"，不然跌跤难免。前进中不免东倒西歪，向导不断提醒我们：有的"树枝"不可当保持平衡的辅助物乱抓一通！外观像是完好的枝丫，却是一抓就断折的枯枝，如果将重心移到这种枯枝上，准保会出事。

到达羊蹄坑谷底，花了近两个小时。继续沿河道边沿往南溪水库方向走，一路上，深潭、瀑布、断崖交替出现，经过几个漂亮的跌水、瀑布后，眼前出现一段近百米的河道，河床居然是通体的红色，出露水面的石头也出现有规律的龟裂，景观相当震撼！询问向导，也不知此地有啥正规的名字，那就斗胆给取下名"红石滩和红石瀑布"吧，围绕这段"红河谷"，几位同行人，都言平生没有见过。时间不早，返程途中，在向导指点下，又看到羊蹄坑多丛野生的老茶树、油茶树；多株野生的杨梅树、山楂树。还发现让我十分稀罕的血藤，向导在藤上划了一刀，殷红的树汁顿时呈现。

庙里乾坤

> 蔡勇明

古林禅寺山门（蔡勇明 摄）

庙边村是叠石乡下辖的人口不足千人的小行政村，西与浙江泰顺县雅阳接壤。下辖古林自然村，隔美丽的会甲溪大峡谷与叠石乡驻地叠石村相望，千年的闽越古道缀连两省。车到古林村口，下车就能看到几株参天大树，古树包围中一座水泥桥上朱红大字"古林风景桥"，再走一小段路，来到"洋中"（山区对平地称呼），可见远近散落分布两片古厝群落，这就是庙边董氏古厝。古民居边上不远有一黄色外观的寺院建筑十分扎眼，这就是古林禅寺。

庙边更为人所熟知的应就是这座古林禅寺。

千年古寺的禅机

古寺大门飞檐翘角，饰以灰塑盘龙，显得端庄气派。《福鼎宗教志》载，古林寺始建于南宋庆元六年（1200）。但数次查找信史，目前仅有清乾隆二十七年（1762）的《福宁府志》载"古林寺，在十八都"这寥寥数字。当地民间也说古林寺始建于南宋，福鼎多数同期寺院在福建现存最早的地方志《三山志》中均有辑入，可古林寺，愣是在此书中毫无踪迹。难道传闻有误？

怀着这样的疑虑，近年来，我数次寻访这近千年的古寺，终有所获。现存禅寺大雄宝殿上有一匾额载明："古林禅寺，南宋绍熙，大檀越张千二公始建并舍施良田，以安寺僧，佛前供奉香灯……"原来如此。

《三山志》成书于南宋淳熙年间，古林寺匾额上的"绍熙"，是南宋光宗赵惇的年号，1190年至1194年，共计用了4年半。历史就这么擦肩而过了，庙边古林寺在《三山志》成书后建成，故没被辑入《三山志》，但在民间谱牒中存留下记载！

大檀越张千二，泰邑龟岩（今泰顺县三魁）人。据泰顺地方志《分疆录》记载，张氏是唐宋时期外来迁徙到泰顺的十八大姓氏之一。近年来声名鹊起的泰顺百家宴，正是源于三魁镇张宅村。张家谱牒记载张氏先祖在唐末因避战乱迁入泰顺，先祖在世时乐善好施，在福建、江浙一带捐建多处寺院，庙边历史上属闽浙古道必经之地，与泰顺三魁相距不远的古林寺显然是当年张氏的布施结果。

古林寺遗迹现存柱磉石（蔡勇明 摄）

在与寺僧的进一步交流中得知，古林寺历时近千年，几经毁建，现存建筑应是民国或近代的。有实物佐证，古寺保存的、改扩建的过程中从原始地基挖掘出土的大量柱磉石，非普通寺院所能有。这些柱磉石一色青石打造，一些柱础磉石除体量较常见的为大外，还有拉边并精雕图案和纹饰。

外来户董姓与古林

《福建董氏志》载："浙江泰顺县坪溪一世祖董世昌，传至第15世董严孚移居雅阳埠下，第19世董廷採于光绪乙酉年（1885）在古林村架屋安居，董廷採为古林始祖。至今130年，人口分布于国内福建、浙江、台湾和美国，已传6世，居村人口约200人。"

董姓大厝群落中坐西北向东南一幢，相对体量较大，占地面积近2000平方米，为合院式砖木结构。中轴建筑由大门、天井、正厅组成。正厅面阔九间十一柱，进深三间，穿斗式重檐悬山顶。房屋整体木构筑于块石垒就的方形台基上方，梁柱十分简洁，基本不施雕刻。木构建筑在山区最怕潮朽，庙边董氏先人想到让古建百年屹立、不朽不倒的妙招：除将木质柱础垫以青石柱磉之上，房间木构地板也做成前有隔栅的悬空形式，利用板下抬高的空间，夜间圈养鸡鸭。这样的地板结构，下部中空，通风透气性极好的同时还能防止野外小型动物侵入。另一片古厝想必是历经劫难更多，已残破不堪，很难窥见往昔风貌，残垣断壁间，留给人无限的遐思。

董姓一族如今成了古林旺姓，但与古林寺相较，绝对属于外来户。1919年，古林寺住持僧融亮与当地董姓因山林与地界纠纷打起官司，当时福鼎知县邝兆云一纸判词，对董从龙等人觊觎寺产的企图予以判罚。官司胜诉后，古林寺将此事勒石记载，就是如今的"奉宪示禁"碑，碑中强调寺产的四至和山林的所有权。"奉宪示禁"碑被嵌入寺院墙体，董姓后人当有所感，好在碑文所在墙体并不显眼。时间似乎也总能消弭一切，往事如烟，经年之后，如今再有董姓参访者看到此碑，应该相视报然一笑。

古林董氏，出过为挽救国家民族危亡挺身而出的爱国人士。董德明，字光宇，国共合作抗日战争时期曾任职第九战区抗日战地文化服务处南昌总处。由于工作成绩突出，受到当时主持抗日宣传的军委政治部第三厅厅长郭沫若的赏识，为其亲笔题联"有容德迺大，无垢明之源"并赠一首律诗。而与其共事的侄子董建成当年还因工作过于劳累，沾染时疫而抢救无效，最终病故了。

庙边区位优势独特，与叠石乡政府驻地相距较远，车程至少一个小时，但它又与浙江省泰顺县雅中、埠下等地接壤，耳濡目染、潜移默化中，以至于当地方言都带有一股浓浓的泰顺腔。细雨绵绵、雾笼青山的时节，可来体晤春山真趣；夏季，可来感受怡人的阴凉；秋季，沿枫叶飘红的千年古道徒步，可以感受乡风野趣；白雪飘飞的冬季，于百年古宅中邀上三五同好，同品酽酽佳酿，漫话杯中日月。

车头寻隐

蔡勇明

据说,全中国有七处地方叫车头村,浙江省温州市泰顺县彭溪镇下辖车头村是其中之一。在其邻县的福鼎市叠石乡境内也有一个村庄名叫车头村,属福鼎市叠石乡下辖的行政村。该村自古以来是闽浙交通要道,处在浙江省58省道,位于福鼎市北部,距福鼎市区21千米。全村管辖四个自然村,人口不过千人。它境内的一些地方,真的适合隐士居处,那是不争的事实。

泰福桥

现时闽浙两省车头村分界桥,古时闽浙两省群众必经之地。

"小隐隐于野,中隐隐于市",体现中国古代道家哲学思想。那么,兴建于同治七年(1868),距今155年的泰福桥,如今矗立村中闹市的路口,算是中隐还是小隐呢?

泰福桥桥碑(蔡勇明 摄)

车头望族唐氏

据车头唐姓族谱记载,唐姓先祖最早在明朝嘉靖年间(1507—1567)迁到车头村。如此推算,唐姓在车头村至少已有近500年历史。唐姓祖先溯追帝尧,其后裔自是龙的传人。车头村就是一个"潜龙第"。

车头龙井

  20 世纪 70 年代，车头水电站是福鼎市唯一骨干电站，为福鼎工农业生产和人民生活提供必要的能源。有水电工程师告诉我，当年让福鼎第一盏电灯泡亮起来，其电力即来源于此。1978 年后，随着福鼎建成多级电站，车头水电站在电网中的地位才渐渐降低。在车头水电站建成之前，下图龙井下方有一条宽 35 米、高 30 米的瀑布。如今，水电站压力管道改线，若不是一场豪雨过后，水流溢出，流水几乎均被阻绝，瀑布不见踪影。多数时候，人们只能站在龙井边，看着以前瀑布流过岩石上的痕迹，抚摸历史，聆听声声叹息。

车头龙井（蔡勇明 摄）

古戏台、杨府宫、马仙宫、瀑布、峡谷

据传,车头戏台的藻井上还施有精致的"八仙"彩绘,虽大部分在"文革"中被破坏,至今仍有部分彩绘隐约可见。其中,部分花格中还发现书有苏轼《前赤壁赋》的片段,但多数花格人物、花草形象已模糊不清了。

随着戏班乐队"锵锵锵"的声响,演员们开始粉墨登场。从"出将"门出来,一亮相,"咿呀呀"地唱了起来。台下三面围观的观众看得聚精会神,有滋有味。台上演得起劲,台下人头攒动,气氛热烈。这是众多中老年人童年生活中常有的记忆,充满温馨,更是在叠石乡,至今依然能看到的生动鲜活的场面。车头村还有大量的瀑布、古道、神宫、古厝,丰厚的文化底蕴、美丽的自然风光、古朴的乡村越来越引起民俗学家、学者的关注。

车头古戏台藻井（蔡勇明 摄）

车头古戏台垂花（蔡勇明 摄）

《前赤壁赋》残词的花格（蔡勇明 摄）

古戏台吸住了前来考察师生的眼球（蔡勇明 摄）

行走里湾

蔡勇明

里湾是很偏僻的一个行政村。左邻叠石乡杨梅溪村，右邻叠石乡南溪村，南部与福鼎市管阳镇接壤。

一直以来，我都以为里湾与管阳镇很亲近，与叠石乡较疏远。每次从乡政府所在地出发往里湾要近一个小时的车程。从福鼎城区出发过叠石乡政府借道浙江省走老58省道，到浙江省泰顺县雅阳镇再转至里湾村，要近两个小时的车程。若借道管阳镇转章边村却要近得多。

但里湾确是叠石乡的一个行政村。

三苏遗耀

里洋古民居，坐落闽浙边界叠石乡里湾村里洋自然村，是当地苏氏家庭私家合院式住宅。始建于清道光、咸丰年间，距今约150年。苏氏古民居建筑规模宏大，占地面积约4亩，建筑面积达2000多平方米。就单体建筑而言，为福鼎市桐山溪西桥外至叠石乡最为有名的古民居建筑院落之一。古民居肇基苏氏，源于苏氏闽南支脉。相传古民居完工后，测算当时耗资折成谷米500担。由此可见当年苏家的富足，说他富甲一方也不为过。据说，苏家鼎盛时，租发千余担，买田地、收地租，闻名（福）鼎、泰（顺）、管（阳）三地。

里湾苏氏古民居闻名在外，一个重要的因素不在于其占地面积，而在其木雕。以木雕装饰整座宅院，雕刻工艺精湛，手法有浮雕、透雕等。内容或源于神话故事、民间传说，或寄寓某种美好的愿望——如松鼠葡萄图案，借鼠的生殖能力强、葡萄多籽（谐音子），象征子孙众多，寓意万代绵长；万字和蝙蝠组成"福寿万代"图案；月梁上锦鸡图寓意锦绣前程之意……另有凤凰、麒麟等瑞兽，雕刻相当精巧，各种瑞兽的眼睛用琉璃镶嵌，可惜八仙人物等精美雕刻被人盗窃。

我曾数度探访苏氏古宅，遍访其后裔。按常理，一座日渐废圮、墙体坍塌严重、外观灰暗的老宅并不惹眼。但我每次到访，均久久盘桓于民国风格的拱门外、精巧的

苏氏民居（蔡勇明 摄）

重檐门楼前，屡屡为古人巧思的建筑技法、精湛的雕刻工艺所折服。

四级飞瀑

里湾瀑布群，位于里湾长简垄自然村。里湾坐拥叠石乡境内最为壮观的四级瀑布。第一级瀑布与第四级瀑布落差近200米，由于各级瀑布间有间隔距离，隐于密林深处，且无交通工具可以抵达，均要步行前往，故而有幸能一次性窥得四个瀑布全貌的游人少之又少。

叠石乡多山、多峡谷，故而瀑布众多，稍具地理知识的人，可以很容易想到。在察看里湾瀑布前，我到过叠石南溪水库，水库过洪时，我见过它壮观的人工飞瀑，遇到少见的"双龙会"；察访会甲溪古道时，我也见过落差近百米的会甲溪瀑布，但它只有两级。而里湾，叠石乡一个偏僻的行政村却坐拥一个四级瀑布群。这首先不能不感念造物主的慷慨馈赠。里湾四级瀑布特色各异，身临其境，你不得不钦佩造物主的神奇。

第四级瀑布位于里湾竹柳基地下游。沿竹柳基地下行约百米，走过一段水泥台阶，穿越一座拱桥，沿小溪步行后沿石质河床行走，绕过几汪水潭，到达瀑布顶部。由于向导没有找到通往瀑底的路，第四级瀑布是向下看的，感觉不到壮观，但俯视瀑布，落差还是有几十米的样子。远眺,沿河道可以远远见到会甲溪支流。

从第四级瀑布到第三级瀑布,是这次勘察最为艰巨的一段旅程。走的小径崎岖不说,因小径多年无人走动,杂草疯长、芒草叶子割人、带刺植物扎人。经过一段艰难的"行军",一匹白练豁然从近50米的高空断崖处直挂而下,9月是枯水季,这第三级瀑布尚能"近身"而观,丰水季节,估计很难。由于水量较少,瀑布下部飞溅成白色珠帘状。向导说,三级瀑布附近曾发现稀罕的小溪鱼,但当天我没有看到。向导又说,如果要快速看到第一级瀑布要翻山,向导口中的一会儿,是一场炼狱般的体能测试。我们走"捷径"翻越的是瀑布边一个近乎笔直,没有90度也有70度的山!从一堆的滚石涧中手抓枯藤,攀缘而上。经过几十次的手脚并用,体能几乎崩溃时,终于攀登到顶,走一段古道,足踏落叶,拐几个弯,于是看到第一级瀑布。

第一级瀑布叫灵水洞瀑布。此瀑布位处一天然山洞外,洞内空间高约3米,但深度不大,有善男信女供有白鹤仙师神位。瀑布落差也不大,约10米,宽5—10米,日常有水从洞顶飞泻而下。由于瀑布底部的天然石洞,让人自然联想《西游记》中大圣的府第——花果山水帘洞妙境,且通行条件较佳,所以到访游客较多。向导说,若干年前,有善男梦中看到一白鹤仙人修真,一路按梦中指引找到此处,为白鹤仙人修建了一个"灵水洞"庙宇。瀑布如此特别,再加有此等故事附会,庙宇香火兴旺,当

第四级瀑布(蔡明勇 摄)

天我也看到不少游客。

　　里湾瀑布群中第二级瀑布也很特别。某特别之处在于，从第一级瀑布行走到第二级瀑布要经过一大片石质底的"路"，之所以要在"路"上加引号，原因在于此"路"不是路，是第一级瀑布流水量较少时出露的石质河床。另外，丰水期无法从一级瀑布直抵二级瀑布。

《分疆录》里的会甲溪

蔡勇明

由于地处偏远或者百十年来交通或是别的什么原因，历代修撰的《福鼎县志》对叠石乡的风物没有太多的记载。倒是要感谢邻县——泰顺县百年前的两位老先生，泰顺地方志《分疆录》的作者林鹗、林用霖父子对叠石风物格外垂青，替叠石山水留下了多处浓墨重彩的记载。

《分疆录》卷二记载："古银坑洞。在牙阳水口外火热溪（承天氡泉泉眼所在溪，今称会甲溪）旁，石壁洞凡十余，有平入者，有上升者，有下降旁通者，深不可测。"原著按："此坑在明时四坑之外，未悉开于何时。矿洞以此为最古，洞外大石磨尚存；下流半里许深潭中，有银胚大如斗，每秋冬，霁日掩映，色如黄金，精光夺目。"上述古银坑洞，即今福鼎叠石银硐。此条目中，我们不但可以看到氡泉的典籍记载，还可以找到宋代竹洋银硐在清代典籍的记载，甚至可以找到现今会甲溪竹洋段中自然景观"金脚盆"在清代典籍中的生动描述。

《分疆录》卷二又载："发源浦山洋，至下村水口，合排岭水，又合莲头及孔目阳、东安诸水，出福鼎马尾溪。"

牙阳，《分疆录》作者林鹗之子林用霖在《古今地名辨》中讲得很清楚："牙阳改雅阳……此皆因俗见而强改者……"明白了，牙阳就是现在叠石乡的邻居，泰顺县的雅阳镇。牙阳溪，现在泰顺县境内叫雅阳溪，下游在福鼎境内叫会甲溪又叫"火热溪"，至于汇甲溪，那不过是谐音的写法。"火热溪"《分疆录》认为那是"俗谓"，即土名！但这个土名真的不"土"！再看《分疆录》卷三载："在牙阳水口溪涧旁，俗谓之火热溪，泉从涧边小石池中涌起，四时热如汤，冬月尤烈，惜在幽僻，鲜有知者，故旧志失载。"

"火热溪"是个形象生动的"土名"！至今，叠石当地方言中仍然称此溪为"火热溪"。

叠石王氏聚居的叠石村与浙江泰顺交界，群峦环抱，水秀山清，素有世外桃源之誉，无怪乎民国福鼎县长王道纯到此游历后，目睹当地山水美景，赞叹不已，提笔留下诗句。光绪叠石王氏族谱中对罕为人知的"叠石八景"和邑中庠生们为之唱和的诗句都有详

会甲溪流域的"人"字瀑奇特而壮观（蔡勇明 摄）

细的记载，对叠石风土人情和历史沧桑变化很有研究价值和现实意义。

叠石村驻地与浙江省泰顺泗溪廊桥、梅林度假区，以及新近修缮的塔头底古村均近在咫尺，都值得人们一游。

叠石村地理风貌

王锡庚

叠石地处闽浙边界，距县城20多千米，海拔在600米以上。四面环山、方圆有两三千米开阔地，中间分布着5个小山包，其中，两个形似乌龟。王氏先祖洪四、七二公在明代初期迁居到此，认为该地山清水秀，风景宜人，可长久计而开发其境，繁衍后代。经长期观察周边，发现有多个景观惟妙惟肖，遂定下玉石八景，即"玉峰积翠""龙湫喷雪""榜山开列""石室留云""古村晚钟""石鼓传音""双龟出震""引象回朝"。昔之骚人墨客常游于此，并吟诗题赞，兹录其若干首。一咏"玉峰积翠"（邑庠生包文烈作）："擎天玉柱大文章，华表依稀镇国邦。昔日玉公卜宅兆，三槐世植显名扬。"二咏"石鼓传音"："不用桐鱼扣有声，传音空谷妙同情。他年晚漏垂绅笏，实大声宏显姓名。"三咏"引象回朝"："象兽由来物望彰，朝仪

天光云影共徘徊的叠石（蔡勇明 摄）

肃列本非常。特钟地脉观佳兆,他日还看笏满床。"四咏"双龟出震":"灵龟叠叠几春秋,六甲包藏单拆求。忽尔风雷动出震,推来帝泽满皇州。"五咏"榜山开列":"天开文运选抡才,榜列南山次第开。季少芸窗欣努力,独观老眼笑颜回。"六咏"龙湫喷雪":"层岩百丈号龙湫,云锁玉峰谁自流。六出俨然随涧落,临风卷舞更悠悠。"七咏"古村晚钟":"古刹钏声兜率天,噌吰余韵暮春传。诸僧听法莲台下,合掌皈依夜坐禅。"八咏"石室留云":"峭壁高悬小径穿,混然石室隔尘缘。此中疑是神仙地,别有人间一洞天。"以上吟咏可见一斑。

查史料及民间相传,叠石旧时谓之玉林(洋),又谓之玉石。叠石乃形象之俗称也。现有王氏及后裔千余口,或耕耘,或读书,勤恳持家。历代出有贡生、廪生、庠生、监生多人,诸如延玑公在清乾隆年间出任闽省浦城教谕、芳景公清同治间蒙赐"五官州同衔"、鼎邑正堂余澍干曾题赠额曰"岸镇全闽"句。近在民国时期福鼎县长王道纯慕名游于此,并留下赞美诗句,诗曰:"四山忽敞桃源地,一水潆洄玉石巅。携鹤几人曾到此,数来今日尚无先。"

余幼年时,常听闻老者谈及叠石在清代至民国初期甚为繁华,有各种商店,尤其是茶庄好几家。例如较出名的"王茂泰""王祥和""林春生"等,生意兴隆,茶叶售往厦门、福州、上海、营口。据《福鼎商志》,他们的经营特色、资金规模均与本

悠悠古道与潺潺流水(蔡勇明 摄)

县众多茶商并驾齐驱、毫不逊色。所以，1950年叠石就设立茶叶收购站。由此观之，确有其历史渊源。

叠石西进1000米左右，双峰对峙、其势如岔口，称为隘门。古之闽浙通衢从此穿越，史载闽王王审知在此筑垣设关，屯兵镇守。民国末期尚存两山残垣，高十多米，宽约2米。关门宽约2米，高3米多，关口北壁立有一块镌刻"浙江省泰顺县福建省福鼎县分界"的石碑。关口南侧1936年国民政府在此筑土墙炮台一所，据长辈说未几被风雨摧毁。早在民国中期，蒋介石政府拟修筑温州至泰顺公路，从分水关经叠石关而进入泰顺罗阳，当时路基已开至泰顺富洋地段，后因中日战争爆发而工程停止，最终留下痛恨的路坯残迹。

中华人民共和国成立后，百废待兴，万物复苏，浙江省人民政府在1956年重修泰分公路，按老线通行，叠石关就在这时期被拆除。话又说回来，叠石设关从民间相传史料来看，确有其事。诸如叠石部分地段尚余有趣地名称谓，有"更楼""营盘丘""跑马丘"等，村庄周边还可见多处的水碓遗迹（过去用作舂米），按此史料分析，早期确有重兵镇守。历史是客观存在。不过，以上是我管窥之见，是否有当，有待明者正之。古人有沧海桑田之句，实有其事，我感慨良多。

（本文于2014年仲夏写于玉石）

叠石惊现冰柱奇观

> 蔡勇明

天人一夜剪瑛瑶，诘旦都成六出花。南亩未盈尺，纤片乱舞空纷拏。旋落旋逐朝曝化，檐间冰柱若削出交加。或低或昂，小大莹洁，随势无等差。始疑玉龙下界来人世，齐向茅檐布爪牙。又疑汉高帝，西方来斩蛇。人不识，谁为当风杖莫邪。铿锵冰有韵，的皪玉无瑕。

草上凝结的形似"棒冰"的冰柱（蔡勇明 摄）

刘叉诗中的"玉龙牙"（蔡勇明 摄）

这"串"奇谲奔放，寄托遥深的文字，是唐代诗人刘叉《冰柱》的片段。诗中描绘冰柱的奇丽景色。在一夜大雪之后，房檐间的冰柱垂挂下来，大大小小，高高低低，一样的晶莹洁白，玉色琼辉。它不是冰柱，而是天上玉龙的爪牙；它不是冰柱，而是汉高帝的斩蛇宝剑。这些个奇特的比喻，不仅写出了冰柱的风韵，还将诗人怀才不遇的激愤之情、刚傲不羁的性格，全面地显示了出来。

今天，我们不谈古诗了，也不托物言志。谈谈连续几日严寒后，叠石乡的冰柱奇观。

据了解，冰柱形成的条件比较特殊。首先，处于0℃以上的环境时，冰柱是不会形成的,当气温持续处于0℃以下,冰柱才会形成。可是,就算达到0℃以下的气温,有时也无法形成冰柱,比如没有水。因此,冰柱的形成得有两个条件:其一是得出现0℃或以上的温度,那样积雪便可能融化;其二是出现0℃以下的温度,那么融化的雪水又会冻结上。如果有阳光的照射,那么积雪便会融化,因阳光的温度达到0℃以上,一般的屋顶、坡、崖都是有角度的,当积雪融化之后,雪水便能够流往屋檐、山坡、悬崖的低处了,这时,如果温度又能够降到0℃以下,那么雪水就可能结冰,这样自然能够形成冰柱。

叠石乡除库口村外,其余地方由于位处海拔较高的山区,冬季气温持续低于零下的概率较大,因此夜间较易形成降雪、凝霜或结冰,白天一定的日照条件又让行将冻结的流水解凝、微雪融化,反复的零上零下几次后,就容易形成形状各异的冰柱奇观。

琼花(蔡勇明 摄)

(本文原载2016年1月27日"福鼎新闻网")

苏山"起解"

◇蔡勇明

苏山没有姓苏的

光绪年间,叠石乡苏山村亦称苏家山。这在光绪版《福建内地府州县总图》中可以清楚看到。这个称呼当地人都清楚且没有异议,但对于苏山地名的由来,我问过多人,众说纷纭。

机缘巧合,我接触到一些资料,福鼎《苏氏族谱》和《张氏族谱》都有苏家山的记载。苏姓现居白琳镇翁江村,其祖先的族谱中明确记载,明朝正统年间,原居安溪还二里的苏姓兄弟几个外出游玩,老大奋生,选中福宁州赤岩,现在俗称为苏家山的地方择地而居。后因遭受火灾,烧了族谱和神主牌,举家迁居现在白琳翁江(旧称翁潭)。而福鼎张姓始祖在明朝天启三年(1623)迁居现苏山地界,其祖婆嘱咐家人将苏家

苏山云海(蔡勇明 摄)

地主香炉供奉入山,并嘱人世代供奉。现在苏山地名由此得名。问题来了,查现在叠石乡苏山村的确无苏姓人家居住于此。白琳翁江村苏姓祖先和叠石苏山村张姓祖先在时间节点上存在如此高度契合的前后关联关系。可否依据材料,大胆做出推断,苏家山原为苏姓族裔居住地,后因苏家遭受火灾,认为此地不吉,苏姓从此退出苏家山,另择白琳翁江居住。约200年后,张姓始祖迁居至此,找到苏姓族裔香炉并当作地主供奉,从此繁衍生息于苏山这块美丽的土地。

毅力超常的张贡生

库口双溪口自然村有一碇步桥,系古代福建叠石乡库口、丹峰、苏山、浙江省五里牌几村百姓重要的往来通道。《福鼎县交通志》载:"双溪口碇步桥,南北走向,全长20米,其中碇步10米15齿;桥长10米,宽1.4米,高2米,2墩3孔。该碇步桥于1963年,由当地群众集资0.3万元修建。"双溪口碇步桥附近三通古石碑,显出其中沧桑。

清道光二十二年(1842)所立《双溪口碇步碑记》,明确记载:"鼎之十八都有双溪口焉,近有碇步碨磊……己亥岁(1839)余尝捐银壹佰两复携君子赵成壁……"通读碑记,情况大致是,双溪上旧有碇步一座,后来被洪水冲毁,道光年间苏山贡生张钟龄修建一桥,不久,又被大洪水冲毁。1842年,张贡生在其母激励下,重新捐资

双溪口碇步桥(蔡勇明 摄)

再修一碇步。

另两块古碑为清同治年间所立,有碑文《重建仙福桥记》,通读二碑,得知在张贡生最后一次修建双溪口碇步后不久,碇步又被大水冲毁了。同治甲戌春(1874),以当地监生张鹤龄为首的热心人又重新修建了一座石桥,并撰记立碑。从现存碇步看来,仙福桥后来也是不保。

日历翻过百年,细想双溪口碇步的几番兴废,除钦佩张姓贡生等人当年的古道热肠及毅力外,还真是有一种"百年田地转三家"的感叹。

双溪口碇步碑中记载的张仲龄系清道光年间乡耆张兴庭儿子,于咸丰元年(1851)乡荐中式贡元。后继父业,从商有成,于苏山村狮头山麓修筑贡生府。古民居占地约两亩,树双旗杆于大门两旁,后此地命名为"旗杆里"。古民居做工精细,精仿温州当地张阁老府第样式建造。且其廊柱、廊磉石做工精细、梁雕窗饰雅致,颇具文物和观赏价值。张仲龄子张政璠还被授予五品军功,清末状元张謇曾亲书匾额,可惜保管不善,不知踪迹。

苏山张氏贡生府第(蔡勇明 摄)

库口往事

蔡勇明

兵圣遗事

世人尊为兵圣的孙武，春秋末期齐国乐安（今山东省北部）人。所著的《孙子兵法》，是中国乃至世界的不朽经典。正因如此，孙武的家世也不断被人们追寻、探索。传闻，福鼎也有一支兵圣遗族，定居在山环水绕的叠石乡库口村。

孙姓在叠石乡库口村是望姓大族。《闽东孙氏志》序：闽东孙氏系周时齐国孙姓始祖孙书的后裔。有据可查的是，库口孙氏，先祖受姓于山东，发祥于江浙。孙氏福建始迁祖孙寿（乳名思诚），于明永乐年间随军建宁府。乐安郡闽东孙氏一支分布在库口，现有千人。库口孙氏与福鼎点头孙店、秦屿蒙湾、店下黄岐、霞浦乌岐等地孙姓同宗。库口孙氏实为明代军屯后裔，从浙江瑞安先迁管阳姚洋，后迁库口长岗岭。库口孙氏始迁祖礼珀，生卒年失考，相传其后裔在库口以经营烟草业发家，家族事业鼎盛时，沿溪就地取材，以卵石砌墙筑基，兴建大厝六溜。明清时期，库口孙氏后裔中考取太学生、文武庠生多人。孙氏老厝中珍藏有"阃节流芳""徽接陶孟""望重乡评""齿德兼优""方正自维""盖乡硕德""举报乡耆"等多方匾额，均系当时贤达名流为其家族男女题写的，这些古建、文字为今天我们研究明清时期福鼎建筑、桐山书院历史等留下颇具研究价值的实物资料。

库口除孙姓为望族外，尚有薛姓、林姓等杂处其间。薛姓也有几间老厝，其窗雕精美，亦值一看。

夹缬逸事

夹缬，是中国古代在织物上印花染色的一种特色传统手工技艺，起源于秦汉时期，盛行于唐宋，是中国雕版印染、印刷的源头，堪称中国印染技术之母。其织物，古代曾作国礼。其织物残片，现被世界一流博物馆视为国宝级珍藏品。夹缬主要采用一组纹样对称的花版，紧夹丝织物，浸于蓝靛青染液，取得染织物，故专家称其为"蓝夹缬"。库口村曾一度兴盛蓝靛印染业，在现代年轻村民中，几乎无人知晓。2011年4月，大象出版社《寻找夹缬——蓝夹缬工艺名人张琴》一书第二章第六节"求证流传范围"记录着一段2004年、邻县浙江泰顺被采访人口述当年叠石库口印染业盛况的田野调查对话。

在我的田野札记里，我和一家钟姓染坊后人的问答，比较能反映这个地区的染坊状况。

地点：温州市泰顺县彭溪镇

时间：2004年4月8日（入户调查）

2005年1月26日（电话访谈）

问：据了解，您爷爷曾经开过染坊，今年77岁，请您介绍一下您爷爷的概况吧。

答：我爷爷是十几岁的时候，在福鼎市库口村学的染布，豆灰拌石灰。库口村和彭溪大概有20千米的距离，我家祖祖辈辈住彭溪。

问：您爷爷开染坊的时候，村子里一共有几家染坊？都是用石灰、豆灰拌和了来染布吗？

答：我爷爷说，当时村子里除了我家，还有一家，都用豆灰染布。那家原来也是男人染布，后来男人去世了，他老婆已经学会，就由他老婆染布，

库口骑行（蔡勇明 摄）

他老婆一个人把染坊开了下去。现在大家都不染了，他老婆还在。

问：豆灰染布用的油纸版，您刚才也讲到。像我手里的这种一格一格的夹花被，是用一组木版夹起来染的。您爷爷是否尝试过用木版染布？

答：木版夹起来没染过！因为我们这儿的人不喜欢这种一格一格的图案，觉得空太多，不好看。我们喜欢龙啊凤啊，密密集集，印满了才好看。苍南的莒溪离我们不远，他们喜欢这种一格一格的。莒溪离我们也就20千米吧，翻山过去，在远近上，和福鼎的库口差不多。我爷爷说，他原先也打算染一下这种夹花被，村子里的几个染布师傅也讨论过这种被子的染法，大家的看法是——估计也是用染豆灰的棉纸，先把棉纸一层一层在桐油里浸过，棉纸做好了，再把布一层一层夹在当中，做起来。

问：从距离来说，你们离库口、莒溪差不多远；从行政区别来说，泰顺属于温州。那应该跟同属于温州的莒溪来往更方便啊，为什么你们好像跟库口来往更多？

答：是这样，福建那边以前富，我们跟他们联系多，叫作"下南洋"。苍南以前穷，我们跟他们来往不多，基本是他们来找我们。我们地方上有几个苍南老婆婆，娘家是苍南的，都是逃荒逃过来，被我们地方上收留了。当时正式娶亲找媳妇，都要找福鼎那边的。像我家我奶奶是福鼎人，我妈妈也是福鼎人。稍微日子过得去的人家娶媳妇都是娶福建那边的。

……

泰顺的染坊只印染龙凤被，并且通常和近邻的福鼎市保持着师承关系。如彭溪镇两家染坊的师傅均学艺于福鼎。彭溪镇30岁的村支书钟贤位告诉我们，以前福建比较富，村里人喜欢找福建联系，把去福建叫作"下南洋"；而平阳靠近泰顺的地区，当时其实穷得很！彭溪镇上几位年纪大的平阳老婆婆，都是逃荒逃过来的……

实实在在的案例，充分说明当年的库口村不仅有发达的印染业，而且引来邻县的泰顺县人拜师求艺。

如烟往事

库口村在福鼎设县前属福宁府廉江里，置县后属福鼎县十八都。民国时期归属过桐山区、第五自治区，1940年一度归属秀岭乡，后又分立为库口乡。中华人民共和国成立后的行政区划也是分分合合、归此并彼，但永远不变的是地名：库口。

库口之意，应为水域相对比较宽广的一处水面。据中华人民共和国成立初期的《第十一区库口乡镇反复查判定工作总结》说："直如丹峰至石兰洋十五华里，横比白坑到老鸦潭六华里中间有两条大溪，并无桥梁，用渡排来往，交通不便。该乡（库口乡）农民单靠农叶（业）生产维持生活，部分依靠渡竹排为付叶（副业）"。《宁德地区志》"桐山溪航道"条目中说，北宋时，泰顺雅洋一带竹、木及土特产品可经泰顺溪头村由竹排运达桐山，桐山溪流经库口、透埕、山满、高滩注入桐山港，当年桐山港海水大潮时可涨至上游5千米处的山满村。因而，库口龙埠自然村，实为当时的一处水陆中转码头，福鼎俗呼"龙船埠头"，简称龙埠，这是可信的。南溪水库建成后，溪流倏然减弱，岸线前移，龙埠远离水岸，空余后人感觉突兀的地名。如今不光水北溪库口段看不到竹排，水北溪也仅余高滩段尚可行筏浅流。整个库口地块，从高空俯视，也就是双溪冲积而成的一处"绿洲"。《福鼎县乡土志》"十八都分编"中也认定，龙埠与库口、南溪、透埕、高滩一样，取名均属于"以水名"。读到这里，对照眼前实景，真有恍如隔世之感。

哪怕经历沧海桑田，水乡亦自有水风光：适合禅隐的龙埠文灵寺、灵秀的金盾山、布满古冰川痕迹的大峡谷，溪岸边民国年间县长王道纯为美化城郊、固护桐溪堤岸倡植的枫杨林，新修的天然浴场，让人期待的氡泉，都值得您徜徉徘徊，浮想联翩……

清华美院陈一耕书画印高研班学生到库口写生（蔡勇明 摄）

库口木栈道一角（蔡勇明 摄）

"溯本寻根说禹汤，黄河九曲去汤汤。廉溪澄澈千流远，库水清纯一脉长。林暗山重开筚路，花红树绿隐桃乡。喜看后浪高前浪，际会风云向浩洋"。此诗是库口薛氏宗祠落成时，福鼎文人薛宗碧老先生在秋日游赏后，欣然为之题写的。现在看来，此诗又何尝不是为整个库口乃至叠石乡明天的歌咏呢？

南溪撷要

蔡勇明

两省交界，六县通衢

南溪乡，1941年11月，辖香山保、竹坑保、南溪保、古林保、荄阳保、小章保、里湾保、南汃保、章峰保、双溪保、玉石保、竹洋保等，计12保；1942年加入鼓岚保，计13保；1944年改辖柳阳保、香山保、南溪保、小章保、南峰保、里湾保、荄阳保、古林保、玉石保、竹洋保、鼓岚保、双溪保、苏山保等，计13保。1948年4月公文亦见称南溪保为兰溪保。其辖区范围最大时，约相当于现在桐山街道部分行政村加管阳镇部分行政村与叠石乡除库口村外的大部分行政村。

1946年6月10日，福鼎县参议会第一届第二次大会第五次会议期间，时任福鼎县参议员夏明时提"拟请修建南溪桥以利闽浙交通案"议案，交付审查并提交会议讨论，其理由是"查南溪乡地处闽浙要冲，浙之泰顺、庆元、景宁等县，闽之寿宁、政和、松溪等县均经过本乡南溪桥，只以该桥于1940年3月间被洪水冲坏，过雨即不能通行，

远眺南溪水库（蔡勇明 摄）

计算修建工程浩大，需甚巨宝，非本乡财力所能担负，倘非组织修建，委员会从事劝募巨款，势难完成"。

南溪乡位处闽浙两省六县交通要冲，南溪保所在闽浙古道联系着泰顺、寿宁、福安、平阳等多处地方，那个年代，有这样地位的要邑通衢，必定也是人流、物流聚集之地。从福鼎、叠石几个望姓族谱中发现的家族迁移史，也可以一探端倪。

门帚坑古石桥（蔡勇明 摄）

修建叠石里湾火墙里豪宅的苏氏，源出闽南。乾隆年间，苏氏后裔苏国政（1770—1811），据传因家族官司诉讼失利，与当时福鼎县令产生龃龉，怒留一句："不踩福鼎的地，不看福鼎的天。"举家由福鼎叠石乡南溪石竹坑南，迁居章头利洋（今福鼎叠石乡里湾村里洋自然村，当时处闽浙两省交界处，猜测管辖应该相对薄弱），这在当年，相当于从市中心迁至城郊。

福鼎望姓玉塘夏氏，族谱记载，始祖章保公于明永乐二年（1404）入闽。奉旨落屯建宁右卫，卜居长溪桐北大嶂（今福鼎叠石楼下大将自然村）。章保公子景旻自大嶂徙居南溪南山下。章保公孙荣，明天顺元年（1457）再由南溪迁玉塘，成为福鼎玉塘夏氏肇基祖。这些福鼎高门望姓在南溪的经停，造就了南溪的繁荣，也见证南溪荣辱兴衰。

泗水归堂，屡获殊荣

20世纪七八十年代，为解决福鼎缺电少水、贫穷弱后的面貌，来自五湖四海的大批水利建设者与福鼎人民并肩携手，克服重重困难，奋战十年，最终建成20世纪80年代闽东最大的水利工程——南溪水库。工程对叠石乡境内会甲溪、车头溪、茭洋溪、徐溪等主要四条桐山溪上游支流水系在石竹坑白箬潭下的石鼓岚位置进行截流汇聚，兴修水库，利用叠石乡丰富的水能资源造福桐山溪下游及城区人民，一举解决其下游防洪、灌溉、城区饮用水源、发电的几项需求。南溪水库建成后至1989年实际发电量达3557万千瓦时，为千万家庭提供了充足的照明，初步缓解福鼎工农业生产十分急需的电力资源。工程也对下游城关削减洪峰、8000亩农田灌溉起了很大作用。

南水过洪时形成"双虹"壮观场面(蔡勇明 摄)

当年为支持南溪水库建设,库区所在地百姓做出巨大牺牲,他们抛弃祖祖辈辈生活的家园,响应号召,举家搬迁。南溪水库库区淹没涉及南溪、岭脚、岔门、荚洋、竹洋、古岭等六个大队。据不完全统计,水库共淹没耕地1630亩,需迁移人口1860人(由于人口的自然增长,至移民结束时实际移民数为2200人),439户,拆迁房屋3170间。1984年8月,南溪水库第一期工程通过验收,正式交付使用。当年获国家水电部与福建省人民政府优秀设计项目表扬奖。1985年,该工程又被水电部评为设计、施工双优工程。1986年,荣获国家级优质工程银质奖和省全优工程奖。

1983年1月1日,南溪公社更名为叠石公社。南溪乡正式进入人们的记忆,奔涌的溪水汇聚成湖,一切归于平静。南溪水在环湖群山、葱葱密林掩映下,静平发光,俨然天地中一块自然明镜。

山水俱佳,与斯人归

1991版《福鼎县交通志》"旅游交通篇"载:"南溪水库人工湖,山清水秀,景色宜人,双曲大坝高耸两山之间,溢洪直下,瀑布飞虹,蔚然壮观,碧水丹山,孤岛停舟,游鱼上下,风景迷离。水库内除有13个渡口的渡船外,还置有供游人游览的旅游艇。

南溪水库鸳鸯（蔡勇明 摄）

库区上游有浙江泰顺县雅阳承天的火热溪（也叫会甲溪，应是两省交界处），是一天然氡泉，其表露水温59℃，是很有医疗价值的温泉。游客多在游览水库之后，登临氡泉招待所，一涤旅途辛劳，兴味无穷。福鼎城关至南溪水库已建有公路，到水库游览可直接从城关乘车前往。"看来，至少有部分主政者，当年是有意愿将南溪水库打造为一处休闲度假的旅游胜地的。造化弄人，韶光荏苒，南溪水库后面渐渐"被定义"为整个福鼎城区饮用水源地，关于南溪旅游的话题屡屡提起也屡被否决。但事物发展总有两面，当今生态发展，被提到前所未有高度，南溪水库库区经过近40年的强制性保护，生态效应也渐入佳境。2015年，我就在南溪水库库区内发现有国家Ⅱ级保护动物鸳鸯栖息，并且至少有两个种群，数量近百只，初步判断为过冬迁徙的种群。鸳鸯能栖息南溪水库越冬，说明叠石乡和南溪水库管理处几十年来对环南水周边的环境保护产生良好的生态效应。我在乡中工作时，还在南溪水库库区周边发现过白鹇（国家二级保护动物），目睹过野猪。

楼下之美

> 蔡勇明

《玉塘夏氏族谱》载，明永乐二年（1404），"上偃武，以各卫所屯田，若官员、军戎愿归农者，不限顷田，令开垦自收，复输将官仍锡钤记印本服制。公（福鼎夏氏始祖夏章保，字万真）倦于戎马，欣然归田以老，遂偕金氏夫人锭娘，挈长子景旻（世袭武德将军）、次子景清，落屯建宁右卫，卜居长溪桐北十八都大嶂地方"。十八都属今天叠石乡，大嶂暂无定论。夏氏章保公为福鼎夏氏入闽第一世祖，今福鼎叠石乡楼下村柏楔自然村仍有一支夏姓后裔生活。明天顺元年（1457），南溪夏氏三世祖荣公，号肇一，万真公孙，景旻公子三迁卜居福鼎塘底，为玉塘夏姓肇基始祖。

楼下山头洋古树（蔡勇明 摄）

玉塘夏姓均认为其始祖肇基于楼下，后裔也将一世祖祖茔重修于楼下大将自然村，自此楼下与福鼎望族有了关联。

柴喜堂、幼华主编的《八闽花卉史略》载，清嘉庆年间，福鼎县叠石乡楼下村谱载，该村村民的祖先迁居到此时，在大路岭边种下一株柳杉。该树种下后，有一年还险遭刀斧之灾，村民们奋起护树，一些妇女围住树兜，表示"要砍树先砍人"，该树才得以幸存。1998年，该树高38米，胸径160厘米，冠幅东西向17米、南北向22米，树干直到10米高处才分生枝杈，古有"百尺无寸枝"之誉。现在是福鼎最高大、最古老的柳杉王，被列入福鼎市生物多样性保护工程。蹊跷的是，2015年福鼎市的各乡镇名木古树普查中，并无此树踪影，倒是在楼下村山头洋自然村有一株造型独特的古树，还残留着枝丫，极似记载中的古树，但事实不得而知。可不管咋说，故事留下楼下人爱林护木的好印象是不争的事实。

记得在乡下工作时,每次车抵楼下,都很讶异,为何以楼下为界的叠石乡上下,是两种截然不同的气候状况。经常是楼下村以下气候与城里一个样子,可是再往上走,就是另一番天地。楼下与马尾村、库口村交汇处一带是南溪水库流出的双兜溪必经之处,向前奔涌的溪水进入四周丘陵围拢的盆地,孕育起丰富的水汽与层层拉升的红土丘陵一同塑就了楼下特殊的迎峰地形,丰沛的水气经迎峰面节节抬升,到这里盘绕、聚集,故此每每雨过天晴的次日,楼下会出现摄人心魄的平流云海。

独特的气候条件,造就了天然的物产资源。1995年版《福鼎县志》第二章"茶叶生产"载:"无性系品种还有:牛角茶、磻溪、白琳大茶,老产区有黄岗的紫芽早'乌龙',白琳翠郊、湾头、墓楼一带的'歪尾桃'和叠石楼下的'楼下早',还有60年代后期单株繁育的'银片''翠岗早'等。"可见,叠石乡楼下村不仅历史上产茶,而且还有较为有影响力的茶树品种。现在竹洋茶业的楼下基地加工厂附近,"梯田式"茶园,互障连岗,比比皆是,其中就有近200亩"楼下早"原生茶树,这保证了叠石茶业产品加工原料的品质。"楼下早"经加工后,成品茶就是贡眉,具有高香、回甘快的特征。一经问世,便供不应求。1946年南溪乡的茶号登记记录显示,当时叠石境内有名气的茶号达16家之多。1989年各乡镇茶园面积与茶叶产量分布表显示,叠石乡茶园总面积6460亩,其中采摘面积5410亩,产量174吨,产值达114.8万元。1995年版《福鼎县志》报表数据表明,叠石的茶叶产量、产值基本排在当时全县15个参与排名的单位中的第八九位,属于居中水平。

福鼎徒步、骑行爱好者告诉我,骑走普玉线,就像进了田园风情画,近处起伏的山路与沿途风光是黄宾虹、李可染苍浑古拙的卷轴,缓缓展开;远山的轮廓是吴道子勾勒的空灵飘逸,时隐时现。

潮涨潮落、云拢雾散,是大自然的呼吸;光阴流转、日月轮升是时间的呼吸;历史与现实交叠,是人文记忆的呼吸。楼下炮丘、欧岭、管丘一带多梯田,从楼下村多走上一段路,与楼下村接壤的竹洋村,就是叠石乡唯一的畲

炮丘云雾(蔡勇明 摄)

管丘梯田（蔡勇明 摄）

族村。春耕时节，现在已不多见的古老农作方式：耕牛犁田、播种插秧；秋收时节的金黄稻海梯田、打谷收割场景，缀以炮丘一带散落的灰墙老厝。宋代《开梅山》诗中，"人家迤逦见板屋，火耕硗确多畲田"和"自道生来为饱足，不知世上有荣枯"的美丽图景在这里点缀呈现。

诚然，古屋梯田，老树流水，明清的传说及其背后的故事，是那么远，又是那么近，走在世外桃源的楼下村，一切恍然如梦，美梦千年。

漫说丹峰

蔡勇明

丹峰村南抵叠石库口，北接仓边，有古道穿越，道中有一茶亭名长里亭，桁架、梁柱全由青石搭建，显别他处。有长岗岭、谢坑岔、鹿丘、兰柴桥、龟仔山、小包垟、包垟、丹峰等自然村。丹峰、库口，旧以车头溪为界。据中华人民共和国成立初期的《第十一区库口乡镇反复查判定工作总结》："直如丹峰至石兰洋十五华里，横比白坑到老鸦潭六华里，中间有两条大溪并无桥梁，用渡排来往，交通不便。"显见旧时丹峰出行，甚是不便。

长里亭桁架全由青石砌造（蔡勇明 摄）

龟鹿相会

初闻丹峰村，您一定以为是碧水丹山之处，可到了实地，就会发现此地并无丹山，水也就是几股的涧流，四周群山披绿，间夹小片山间平地，丹峰就这样平淡无奇的进入人们的视野。但仔细了解一番后，您就会发现，丹峰并不简单，它瑞气充盈。

以物赋形，以山形地状来命名地名，是中国古代堪舆学说的"喝形"传统。以"鹿""龟"单独冠以一地地名者，全国各地都有。但鹿、龟齐聚一地，就比较罕见，可丹峰就这么的聚齐了。

地图上看，丹峰村北的龟仔山，是与叠石乡仓边村交界的界山，据说因地右侧山上有一石块，肖形神龟出没，故以形称"龟仔山"；再看村东北侧的自然村鹿丘，"鹿丘"得名，来源于当地传说。明清时期，有人目睹鹿在此地做窝，因而得名。

龟、鹿是古时长寿的象征，所谓龟鹤齐龄、寿星骑鹿。丹峰小包垟有位百岁老人，名叫李三妹（又名细妹），也是"五老"人员，眼不花、手不抖，我亲眼见她能不戴老花镜，自如穿针引线，做女工针线活，除听力略有下降外，行走迅捷。丹峰目前另有一位近百岁老人和几十位八十几岁的老人。一个千人左右的村落，出了这么多长寿老人，不得不讲此地山水养人。丹峰还有几处地名亦值得一说。

长岗岭、长里亭　丹峰村部驻地长岗岭的这两处地名，很容易让人联想起李叔同填词创作的著名的《送别》歌词："长亭外，古道边……"悠悠古道、芳草别亭，是不是古意盎然？

田寮　先民初来时，筑屋于田野间，故称为田寮。

包垟　"垟：田地；多用于（浙江）地名，因处大山包围之中，故名，特产茶叶，多林木"。这是词典对"垟"的解释，可丹峰就有大、小两包垟，亦产上好的茶叶。而且丹峰一带的居民多属闽南、浙南迁入，与浙江渊源颇深。看来，"垟"也是妥妥的"外来入迁词语"。

刀会往事

1936年，丹峰村曾组织反动的同善社。材料记载，当时有第八区点头会首陈秉章（该会首后逃台湾）派福安穆阳老卓坐轿来丹峰（丹峰、苍边当时属十一区），伪装买烟，组织同善社，吸纳男九女三，共12人参加。由林声朝、林垂恕父子（会首）二人出资，在林垂仙楼上开堂，后又发展7人。同善社密商转入大刀会，保护地主、造碉堡，对抗红军，并请浙江省桥墩门关爷庙"法师"郑亚换来协助传法授徒。后在仓边、包垟等地开坛，蒙骗群众近40人入会，准备起事，因浙江平阳大刀会失败，不敢暴动。1949年7月，福鼎解放后，派华仑同志及王国策带领民兵30多人，到丹峰取缔逮捕会首陈之洞、陈延庆等，丹峰、仓边会首林垂恕等30人闻声准备暗中埋伏抢回会首陈之洞等，并想杀害华仑同志。不久，丹峰大刀会散伙。该反动会道组织被取缔，参与人员依法被处决、判徒刑、管制。

红色记忆

土地革命、抗日战争时期直至解放战争时期，叠石乡先后有革命烈士80多名，丹峰村就有4名。

陈二奀（1893—1936），福建省福鼎县叠石乡丹峰村人。1935年春参加革命斗争，曾任丹峰村农民协会分青苗组组长、叠石乡工农赤卫队队员，参加霞鼎泰（霞浦、福鼎、浙江省泰顺）革命根据地的土地革命斗争、反"围剿"作战和闽东、浙南苏区的三年游击战争。1936年秋在叠石南溪反"围剿"斗争中牺牲。

李细妹，1906出生福建省福鼎县叠石乡丹峰村，1934年参加革命斗争，曾任叠石乡工农赤卫队队员，参加霞鼎（霞浦、福鼎）革命根据地的土地革命斗争和闽东苏区的反"围剿"游击战争。

萧良亩（1911—1942），福建省福鼎县叠石乡丹峰村人。抗日战争时期参加革命斗争，时任中共鼎泰（福鼎、浙江省泰顺）县委的地下交通员，参加闽东、浙南边界游击区的抗日反顽游击战争。1942年在叠石乡丹峰村反"清剿"斗争中被敌杀害，壮烈牺牲。

林发育（1888—1940），曾任工农红军鼎泰（福鼎、浙江省泰顺）游击队战士，参加福鼎、泰顺边界地区游击根据地的土地革命斗争和三年游击战争。1938年2月，闽东、浙南红军主力改编为新四军北上抗日时，留守鼎泰边界地区开展抗日救亡活动，时任中共丹峰村支部书记，参加闽东、浙南边区的抗日反顽游击斗争。1940年10月，在反"清剿"斗争中被捕，随后在贯岭乡茗洋村被敌杀害，壮烈牺牲。

福鼎老同志王烈评在他的回忆录《披沙拣金——闽浙边区革命斗争亲历记》中谈道，抗日战争时期，鼎泰区所辖的部分县、乡及基层村支部是：叠石乡丹峰村——包垟和小包垟（支书林发育）、龟仔山（小组长施阿八）；仓边村——下仓边（党员陈夫玉）；苏山村——龙潭面（支书钟玉友）、宫下（支书林宗棉、林宗对）、牛皮滩（支书洪日奏）；库口——莲花岩（支书林宗赶）、库口（支书李阿梓）、寮仔（小组长孙宜学）；叠石村——隘门（党员林宗爱）；淡竹洋村——含草岗（支书廖义融父亲）、水仓（支书简成恩）等。

郑丹甫在其回忆录中说，1936年7月16日，《福建民报》以"福鼎各区共产党滋炽"为题，报道红军在福鼎溪底、包垟、玉秦、熊岭、坪尾及鼎泰交界地活动情况。

嘭鼓奇人

林垂便（1912—1982），丹峰人，嘭嘭鼓艺人。19岁开始学习嘭嘭鼓。他的演唱别具一格，泼辣刚烈且诙谐幽默，讲究融精、气、神于说唱之中。常边击嘭鼓边将嘭鼓作为道具表演；模仿各类人物的喜怒哀乐，表演很吸引人。擅长的曲目有《五虎会江南》《大闹菊花园》《嘉庆斩和珅》《七子十三生》等。

茶矿两利

叠石乡全境是山区。春季，当人们踏进这里时，就像坠入云雾世界，全境山岑纵横重叠，自然环境赋予它的植茶优良条件，使此地茶叶生产较之别处，占尽先天优势。丹峰境内，山峦连绵，水净气清，气候温和，常年云雾缥缈，雨露丰沛，且因土地为红壤，滋养出香高味醇的茶叶，品质优良。

泰顺县彭溪镇五里牌村东至福鼎叠石苏山村五里，西距泰顺玉塔村五里，南离福鼎叠石村五里，北达泰顺彭溪村五里，由此得名"五里牌"，亦因与闽界山水相连、唇齿相依的独特地理优势，清末民国时期，这一带成为重要茶叶生产贸易区。

抗战时期，为了管控茶叶、烟叶等特产，浙江省设立油茶棉丝管理处，将丹峰、苍边村接界处的泰顺县五里牌村设为重要据点，派员前来管理茶厂。而且，茶季时，"此处茶商，来自平阳。设厂制造，非是长期性质。他们拿了账簿，背了一杆秤，随时随地，可以收制"。当年，闽浙两省茶商都看中这一带优质的茶叶，到闽浙两省五里牌周边一带收购大量毛茶。

也因这一带位处闽浙两省交界处，不少家族都是明清时期闽南、浙江平阳一带迁徙而来的移民后裔，他们带来自己家乡的红茶制作技艺，加上这一带上好的自然地理条件产出的上好茶叶，因而此地在清末、民国，茶叶产、销是名噪一时。

材料记载，浙江省泰顺县五里牌、苏山、苍边、丹峰一带在民国年间产土红与锡红两种著名的红茶与特有的黄汤茶。又因清代对茶路进行限制，不时的海禁，因而泰顺一带的茶叶除了经由平阳桥墩门外销外，彭溪、富垟一带茶叶得经由福鼎车头、分水关等古道人力挑运，抵福鼎后再陆路发往福州等地外销。民国年间内乱频仍，闽浙两省间的叠石丹峰一带乡间古道也是茶叶外销的重要孔道。

当代人戏讲某人家中富有，常说"家里有矿"，用这个词形容丹峰也是恰当的。丹峰村现有已探明的角砾凝灰岩石材矿山一座，333+334级矿石资源量221402.4立方米，其中石材荒料量77490.8立方米，预估开采期为10年。主要用途是建筑装饰原材料。矿区往北至浙江省泰顺县58省道3千米的简易公路、往南至福鼎971线县道6千米，距福鼎城关12千米，交通较为便利。目前，前期工作已完成主体矿区征地，地质评估、环评，已经取得采矿许可证。凝灰岩矿，出产就在丹峰、仓边交界的龟仔山。现因矿石品位及处城区饮用水源涵养区等原因，矿山开采一时停顿。凝灰岩属火山碎屑岩，除了可以做建筑材料、制造水泥外，还可提取钾肥。而这种火山碎屑岩地质与富含钾元素的土壤对茶叶生长十分有利，丹峰茶叶品质好，应与这些因素有关联。

经济社会

叠石乡主要姓氏

蔡勇明

姓氏源流总说

从目前掌握的叠石姓氏来源统计看,叠石乡大多汉族姓氏,原籍为闽南、闽西或浙南,始迁祖多在明嘉靖至清康雍年间完成迁徙。部分望族为永乐年间军屯后裔,如库口孙姓、楼下夏姓、庙边寇姓;另为避难迁入。据各村族谱和口述资料,并比对部分掌握的姓氏书籍档案,初步整理出大部分姓氏源流。另有全乡畲族姓氏源流,它篇讲述。

叠石乡各村姓氏大致情况为:叠石村,王姓;庙边村,董姓、包姓、寇姓、谢姓;茭阳村,何姓;苏山村,张姓、林姓;苍边村,傅姓、陈姓、颜姓、林姓;车头村,唐姓;马尾村,王姓;楼下村,夏姓、陈姓、李姓;丹峰村,李姓;竹洋村,吴姓(石鼓岚、大岔)、陈姓;库口村,孙姓、薛姓、林姓、赵姓;里湾村,苏姓;杨梅溪村,梅姓;南溪村,金姓、卓姓、夏姓。

叠石望姓简表

序号	姓氏	所在村	族谱记载最早迁入时间、地点	堂号	代表人物
1	王	叠石	明正统年间,霞浦赤岸	太原	王务琨
2	王	叠石	唐武德六年,河南固始	太原	
3	王(曹巷)	里湾	清康熙四十一年,浙江金华兰溪上王庄	太原	
4	何	茭阳	明崇祯年间,上杭棉村	庐江、三英	
5	张	苏山	明代万历,浦城水北街曹村	百忍	
6	董	庙边	清光绪年间		董廷採
7	包	庙边	清康熙年间		包家务
8	孙	库口村	明永乐年间		孙礼珀
9	林	库口	福鼎分水关	西河、九牧	
10	林(华泰)	苏山	清雍正年间,前岐彩岙	九牧	
11	陈	苍边	清康熙年间,浙江平阳金乡	颍川、聚星	
12	唐	车头	清顺治二年,浙江苍南	晋阳	
13	薛	库口	明末,福清坂头	河东、三凤	
14	卓	南溪	清嘉庆年间,南贝金占脚		
15	庄	苏山	清康熙年间		庄贵官
16	吴	竹洋	清康熙年间,浙江宕顶		吴廷槐
17	夏	楼下	明永乐二年,安徽凤阳定远县		章保公
18	金	南溪	明洪武三年,福建龙岩		金大屋

叠石王氏

叠石乡叠石村，是叠石王氏的肇基地。他们是书圣王羲之的支脉、霞浦赤岸始祖、唐长溪县令王务琨的后裔。这里的宗祠、故居、古墓等遗迹很有研究价值。近年发现的光绪元年（1875）修纂的《王氏宗谱》，是福鼎现存的务琨王氏家谱中比较早的一本，谱中明确记载他们是务琨之子王如一的后代。王大春于乾隆四年（1739）前迁居永安里（时隶泰顺），后福鼎设县（1739），永安里改为劝儒乡廉江里，即十八都玉石。王大春为玉石开基祖。王洪四、王洪七是叠石支脉的分房祖。该支王氏系明正统年间（1436—1449）自霞浦赤岸迁入。《王氏家谱》人文资料丰富，连罕为人知的"叠石八景"和邑中庠生们为之唱和的诗句都有详细的记载，不但厘清了叠石王氏的脉络，对叠石风土人情和历史沧桑变化也很有研究价值和现实意义。

《太原郡王氏族谱》记载，王务琨生于隋末，系东晋书圣王羲之第十三世孙；王务琨生三子，"长子处一、次子奉一、三子如一"。如一唐光禄大夫，封玄国公。王务琨父王怀铎曾任温麻县令，后王务琨袭父爵，当过长溪县令，因为他看中当时的赤岸是闽浙"官道"必经之路，又有十八境于此互市的市桥，而且"港阔水深、山川秀丽，南北海船多萃于此"，所以王务琨任职期满后举家迁徙赤岸，为入闽最早王姓始祖，至今有1300多年历史，因此，可称入闽第一"王"。

"四山忽敞桃源地，一水潆洄玉石巅。携鹤几人曾到此，数来今日尚无先"。这是民国福鼎县长王道纯游历叠石乡叠石村目睹当地山水美景后留下的一首绝句。

庙边包氏

庙边包氏据传源于清官包公后裔。元末，为躲避战乱，浙江泰顺县泗溪镇玉岩包氏始祖包洪傅，字玉岩，号贵山，避匿千界岭。南宋德祐乙亥年（1275）徙居平邑归仁镇义翔乡（今泰顺泗溪镇玉岩）定居，传至13世后，开始分徙各地。57世祖包家务，字允生，于康熙年间迁居叠石乡庙边石桥头。其后裔有解放战争中牺牲的革命烈士包日高、包日和。包日高（1926—1949），字少照，中共党员，于1949年4月参加攻打泰顺凤洋火巴岭战役中牺牲，时年24岁；包日和（1935—1957），字有睦，号敦庭，包日高族弟，在1957年同安战斗中牺牲。

包洪傅画像

庙边寇氏

庙边寇氏相传系清官寇准后裔。清乾隆年间，寇氏允照、允休、允荼三兄弟，由泉州府永春州德化县仪林村迁十八都庙边古林，后于道光元年（1821）复迁缪边（今庙边）。这支寇姓后裔是明洪武九年（1376）从南京直隶庐州府舒城黄家村随军屯居泉州打锡巷。洪武二十二年（1389）又随军屯种于德化仪林村。寇姓迁鼎除庙边一支外，尚有桐山、南镇、溪西桥几派。

庙边董氏

浙江泰顺县坪溪一世祖董世昌，传至第十五世董严孚移居泰顺雅阳埠下，第十九世董廷採（1824—1896），字择卿，一字君访，号桐轩，例授国子监，于光绪乙酉年（1885）在庙边古林村架屋安居，董廷採为古林董姓始祖。董姓迁至庙边130多年，人口分布于国内福建、浙江、台湾和美国，已传6世，居村人口约200人。其后裔董道业，字光宇，学名德明，毕业于福建学院，国共合作抗日战争时期曾任职第九战区抗日战地文化服务处南昌总处。由于工作成绩突出，受到当时主持抗日宣传的军委政治部第三厅厅长郭沫若的赏识，为其亲撰嵌名对联"有容德迺大，无垢明之源"并书赠一首七律诗："临流扣楫且高歌，拔地群山奈尔何？白马嘶风奔碧落，青螺叟雨压长河。茅台斗酒奚辞醉，宣室丛谈不厌多。暂把烽烟遗物外，此游我足傲东坡。"当时一起参加抗战工作的董德明侄子董建成，因工作劳累，不幸沾染时疫，抢救无效，病逝于南平美国教会斯吡哩医院。

里湾苏氏

里湾苏氏源于苏氏闽南支脉，明正统初期其中一支迁往泰顺前坪。清乾隆年间，这支后裔中苏国政（1770—1811），据传因家族官司失利与当地县令产生矛盾，遂由福鼎叠石乡南溪石竹坑南，迁居章头利洋（今福鼎叠石乡里湾村里洋）。里洋古民居，坐落闽浙边界叠石乡里湾村里洋自然村，是当地苏氏家庭私家合院式住宅，始建于清道光、咸丰年间，距今约150年。苏氏古民居历经苏益公第二十世孙（苏国銈）四子苏家章及其子苏开行、父子两代人营建，父苏家章建正厅，子苏开行续建前庭及两厢。苏氏古民居建筑规模宏大，占地面积约4亩，建筑面积达2000多平方米。就单体建筑而言，为福鼎市桐山溪西桥外至叠石乡最为有名的古民居建筑院落之一。

秀章李氏

福鼎市叠石乡里湾村秀章自然村的马灯，当地李姓族人都说，源于其24祖李朝资。章峰《李氏族谱》载，李朝资，字式班，号师野，援例授贡生，生于乾隆庚戌年（1790），卒于咸丰辛酉年（1861）。李朝资中贡生（咸丰丁巳科贡元，1857年）后，有感于秀章当地族中百姓年节中赌风甚炽，青壮不思进取，于是出资延请北岙（今浙江省温州市洞头区北岙）宗亲派遣灯师来村中教授童生马灯，意图借助健康向上的文娱活动一冲赌风、教化子弟。

丹峰李氏

丹峰李氏，开基始祖李兴佳（1656—1733）与其三弟李兴齐，于康熙年间从泉州安溪轩苑洋先移居浙江省温郡平邑小亭仙塘，后转居福鼎桐山十八都长岗岭（今福鼎叠石乡丹峰村），妣王氏为培头人（今贯岭排头）。其后裔李日勤裔孙李开时后又迁居叠石乡库口村小溪居住。本支李姓入鼎时间约300年，人口近400人。李兴齐裔孙迁泰邑富洋居住。

楼下李氏

据《岭瓯李氏家谱》记载，李显祖为楼下李氏入鼎始祖。其祖李显春（1612—1681）原居福建泉州安溪长泰里镇抚乡，明朝年间迁居浙江省平阳北港四十四都塔边村。后二世祖迁至浙江省苍南县龙港镇上对口村，历时300多年，至李显春第三世孙显祖（土祖）时迁徙到福鼎县叠石乡楼下村岭瓯自然村，繁衍至今290多年，传13世。本支李姓人口200多人。

竹洋李氏

竹洋李氏与福鼎"茗洋李"同祖同宗。据《竹洋李氏宗谱》记载，李氏邓公（1703—1733），名朝，系竹洋李氏始祖。其祖上系闽南安溪湖头人，明万历三十二年（1604），因倭寇袭扰，避祸福宁府十九都茗洋柏树内，其后裔又散至福建各地和浙江省平阳、苍南等处。其后又因避明末清初近40年战乱，转从分水关战场近邻的茗洋村迁居叠石乡竹洋村。本支李氏繁衍至今13世，历时290多年，有200多人。

石鼓岚吴氏

石鼓岚吴氏倡建的溪坪古桥（蔡勇明 摄）

嘉庆版《福鼎县志》记载："石鼓岚，石形如鼓，击之有声。"石鼓岚吴氏系出浙江平阳宕顶吴氏。本支吴氏原籍福建永春州九十都卓埔东园，明嘉靖年间其始姐吴光星自闽迁居温州平阳宕顶，历三代后，清康熙年间，浙江宕顶的吴公廷槐，字邦卿，携子三，自现浙江省苍南县五凤乡五岱迁入福鼎十八都石鼓岚（今叠石乡竹洋石鼓岚）地方。算来吴氏先祖迁鼎至少已有近300年时光。清光绪元年（1875），吴氏后裔吴斯然（1815—1899），字大锡，牵头出资倡修马尾溪坪福泰桥并在桥畔建亭，光绪三年（1877）春竣工。桥设24墩25孔，为当时福鼎至泰顺重要孔道。光绪丙申年（1896），石鼓岚吴氏开立染坊，添置踏布石。光绪三十一年（1905），吴氏后裔吴斯画与侄子吴钦节、吴钦龙一起再次重修马尾溪坪福泰桥，至1927年，吴钦节又捐资重修水毁的福泰桥，便利乡民。如今，吴姓在竹洋村为第二大姓。

苏山张氏

苏山张氏系中华张氏第八十七世张道陵派支。始祖张应春公，于明万历年间从建宁府迁徙至福鼎桐山企岭街，又于明天启三年（1623）移居叠石乡苏山。至今传18世，现有人口近1500人。咸丰元年（1851），本支张氏后裔乡耆张兴庭子张家粮（1818—1860），字在玺，官章钟龄，中式贡元，同年在苏山旗杆里兴建贡生府。清代道、咸、同三朝，贡生张钟龄生活的前后短短几十年，张姓"家""政""庆"字辈三代儿孙中，密集出现7位国学生、一位贡生、一名军功仕宦者，这与张氏家训中敦谦崇文、乐善好施的家风传承关系极大。

车头唐氏

车头唐氏，按车头唐氏族谱中的说法，其始姐原籍系福建龙岩节会里。明末，邓氏祖妈携子祖德、法德，先迁浙江平阳北港水头南湖后，又迁泰顺横坑、泰顺九峰乡西地等处。车头始祖唐永悟（生于天启癸亥年，1623年），字振之，系唐法德长子，原随其父定居泰顺晓峰，后于清初游猎时，相中车头村良好的耕作资源，遂迁居车头。至今，永悟支派人丁3000多人。车头定居唐氏人口约1500人（两省车头合计）。另据《福建宗祠名录》载，车头唐氏系清顺治二年（1645）自苍南迁入。

荚阳何氏

荚阳何氏，堂号"庐江""三英"。荚阳何氏后人先后于清道光二年（1822）、道光八年（1828）兴建宗祠。明崇祯末年，何天鉴（1578—1631），何氏福鼎始迁祖，原籍福建汀州府上杭县庐丰横岗棉村，字鸣岐，因避战乱，自福建上杭长汀，先迁浙江温州府泰顺墓岭（今浙江泰顺县雅洋埠下石楼梯），不久，迁居福鼎十八都荚阳。荚阳岭头蛟峰亭、泗州佛宫，系何氏后裔紫庭于道光年间率族人修筑。清代，荚阳何氏取得庠生、佾生、监生、贡生、太学生、国学生、增生等功名子孙约30人，五品衔、州同衔各一人，取得乡耆称号近30人。何熙雅（1875—1943），字汝肆，号正斋、克明，官名俊德，清庠生，曾任民国福鼎县议会议长。目前荚阳何姓子孙约2600人。

苏山林氏

《西河郡林氏宗谱》载，苏山林氏于清雍正丁未年（1727）间，自福鼎前岐彩澳宫边，迁入福鼎十八都双溪口大岭下卜宅卜居。本支林氏堂号九牧，源自其先祖林披生九子都曾任职刺史。苏山林氏始祖凤凯，原籍泉州安溪十八里东山乡宫兜屋火墙内。

林凤凯（1709—1791），号胜轩，生子五，分为仁、义、礼、智、信五房，分别名升季、修季、居季、秀季、盛季。升季后裔中出过军功人物两人、童生两人、取得乡耆称号两人。苏山双溪口林氏后裔迁宫下、库口、竹洋、叠石等村及福鼎市区等地。

丹峰、库口林氏

库口林氏，据传系康熙年间自福鼎分水关迁入。库口林氏堂号"西河""九牧"。明末漳州龙溪县林氏始祖，因避战乱，迁浙江温州平阳，后分西山派、董家潭下路堡派、力湖派、水门头派四支。西山派一支林基若（1679—1751，字世永）迁十八都丹峰琊岐岭（今叠石丹峰），后移居丹峰内上厝。库口林氏与丹峰林氏系出一支。本支林氏在叠石楼下、丹峰、包垟、库口均有分布，其宗祠在叠石库口，人口1200多人。

里湾长简垄、丹峰小包垟、苍边南往、荧阳川山林氏

里湾长简垄林氏始祖林苍山（梓溪"长七"房林兴源后裔），康熙中期由永春赤岭徙居福鼎缆下（今桐城石湖社区岭下），其子日晖转迁鼎邑二十三都薛岙，日晖长子梓祥由薛岙（鼎邑二十三都）于清乾隆年间迁入。

丹峰小包垟林氏系清嘉道年间，梓溪林六房派下林常春后裔由浙江平阳港边迁入，始祖林则御。

苍边南往林氏系明天启年间，安溪赤岭林甲英迁浙江平阳黄坛口，后裔迁苍边南往三岚内，始祖林拾人。

荧阳川山林氏系清嘉庆元年（1796），九牧林长房林苇后裔林应禄，由泰顺雅洋迁入，始祖林秀峰。

据2019年7月人口统计数据，叠石乡林姓人口2181人，占总人口的4.16%。其中，苍边村184人，荧阳村74人，马尾村14人，杨梅溪村91人，车头村49人，库口村298人，庙边村28人，竹洋村130人，丹峰村494人，里湾村121人，南溪村27人，苏山村395人，叠石村235人，楼下村41人。

库口薛氏

库口薛氏，堂号"河东""三风"。库口薛氏源于福州府福清县坂头村南山，迁鼎始祖薛丹夫，字继朱，号营斋，生卒失考。明末先迁桐山北关外大帝宫，后迁库口。

库口孙氏

孙焕春《闽东孙氏志》序中记载，闽东孙氏系周代齐国孙姓始祖孙书的后裔。其先祖受姓于今山东，发祥于江苏、浙江。唐朝时肇基闽东（古称长溪县）。闽东乐安郡孙氏，主要分布在福鼎市姚阳和库口，现有人口1000多人。库口孙氏福建始祖孙寿（乳名思诚）于明永乐年间始迁建宁府。库口与福鼎点头孙店、秦屿蒙湾、店下黄岐、霞浦乌岐等地孙姓同宗。库口孙氏后裔从瑞安先迁管阳姚洋，后迁库口长岗岭。

福鼎库口始迁祖礼珀，生卒年失考。据传，库口孙氏在库口以经营烟草业发家，家族事业鼎盛时，就地沿溪取材，以卵石砌墙筑基，兴建大厝六溜，留有"阃节流芳""徽接陶孟""望生乡评""齿德兼优""方正自维""盖乡硕德""举报乡耆"等多方匾额。其后裔中考取太学生、庠生、武庠生多人。库口《孙氏宗谱》收录姚峰八景，全诗分为前八首和后八首，后八首是和着前者的古韵而作，内容和意境都有所拓延，包括"玉印明堂""梨园种玉""天马嘶风""象山古刹""双峰插汉""古室藏书""虹桥接岸""文山列榜"。

苍边陈氏

苍边陈氏，于清康熙年间自浙江平阳金乡迁入。堂号"颍川""聚星"。清康熙年间，苍边陈姓始祖正之携弟明之与其子张士英（1665—1735，字世俊），自闽南三迁至仓边坑卜定居。迁徙大致顺序：闽南→浙江金乡坊下→西门外峜（小岙，21世）→北港四十七都（八角井，28世）。

苍边颜氏

苍边颜氏系浙江南港卅五都水头甘露尾颜氏后裔。桃园颜氏源自闽南德化上场，明末，其中一支兄弟五人，最先迁至浙江处州府青田县，后散居浙江省平阳各处，后又迁至三十五都南港水头甘露尾，再后，除长房颜光国移居平邑廿九凤山头外，兄弟各房散居浦门程溪、福鼎西坑、福宁府长屿等处。清初，三房光宪迁居福鼎八都苍边，又有分居福宁府霞浦及泰顺富洋等处。本支颜氏人繁衍近500人，其中福鼎近百人，泰顺富洋近百人，霞浦约300人。

里湾王氏

里湾王氏，于清康熙四十一年（1702）自浙江金乡兰溪上王庄迁入。堂号"太原"。

南溪金氏

南溪金氏，明洪武三年（1370），南溪金氏始祖金大屋（宽一）自龙岩迁徙南溪下叫洋观音堂开基，其后裔复又迁至南溪苦竹洋定居。族谱中留有家训十章，一孝父母，二和兄弟，三别夫妇，四序长幼，五睦宗族，六严内外，七训子孙，八勤职业，九明利义，十慎官守。目前，《金氏宗谱》中能明确看出其记载的历次修谱的主撰人物及修谱时间，初修于泰顺毛嘉端（乾隆二十三年，1758），次修于菱洋何敬超（道光十年，1830），三修于桐山高南英（同治十二年，1873），四修于光绪泰顺庄黻宸（光绪三十年，1904），五修于泰顺欧名驹（1934年）。

金氏后裔金国孚，字立应，号合峰，一号中谷，学名焕章，出生于同治四年（1865），贩茶于省城福州，经商有成，善于调解地方事务，1917年当选县议会议员，积极为地方事务发声，热衷地方公益事业，1928年曾先后筹款为南溪地方修缮两座桥梁。

马尾王氏

马尾王氏，也是唐长溪县令王务琨的后裔。唐广德元年（763），其先祖王如一次子不奢迁至福鼎桐山西门。其孙王洪远捐造福鼎石湖桥。元代末年，其后裔祖湖（桐山24世祖）从西门迁居桐城后宅。

其清代后裔王慧梅（1752—1787），字奕魁，号雨村，乾隆年间人，福宁左营千总，终年35岁。乾隆五十二年（1787），带兵赴台剿灭林爽文起义，在攻打硫磺溪战役中阵亡。赐葬祭，后代复奉旨准承袭云骑尉世职一代，恩骑尉世职罔替。

银硐余氏

银硐余氏，先祖余青任唐建阳令，建州建阳世居，11世移居古田杉洋居，22世分居泉州、安溪、福州、福清。清初，三世祖余光捷由福清迁福宁府十五都前岐，后又迁浙江平阳华洋，其后，乾生（1674—1753，字维高）兄弟又迁福鼎薛家澳门闸顶等处，开启福鼎繁衍发枝。乾隆年间，余氏先祖迁鼎邑十八都（今福鼎叠石）官衙隔门仔居住。

银硐赖氏

银硐赖氏,肇发于中原,入闽始祖是南宋理宗淳祐时期的赖朝美。清康乾年间,定居在福建汀州、永定、古田、上杭、龙岩等地。后其族人迁徙至浙闽交界的苍南、平阳、泰顺、福鼎、霞浦一带。清同光年间的赖礼旺(1868—1927),字明足,号兴亭,被认为是银硐始迁祖。土地革命时期挺进师战士赖家进(1918—1936)、抗战时期赖家拾(1901—1938),均为革命烈士。

竹洋洪氏

敦煌郡洪氏认为,其福建始迁祖可追溯至宋末闽南晋江肇基祖石缨。谱载,竹洋洪氏约在康雍年间先从浙江平阳北港迁居鼎邑宫下牛皮滩(今福鼎市叠石苏山村),后迁居竹洋大岗头。其始迁祖为洪淑任(1698—1739),字玉贤。革命烈士洪阿三(1914—1936),土地革命时期任挺进师班长,1936年攻打南溪战役中牺牲。

官衙廖氏

叠石竹洋官衙廖氏,始祖廖得,生卒年失考,出泉州安溪,始迁浙江温州,居白塔边,入赘陈宅。次子至详,生卒年失考,据其妻汪氏(1743—1809)生卒年推测,应是乾隆、嘉庆年间迁居鼎邑十八都南溪官衙(今叠石乡竹洋村官衙自然村)。官衙廖氏后裔廖天助(1921—1994),字上燧,号义融,化名阿三,1936年起随刘英、粟裕参加红军挺进师,参加过福鼎花亭战斗,中华人民共和国成立后出任首任中共永嘉县委书记,1963年起调任中共丽水地委委员、温州地委组织部部长、丽水地区内务局局长等职,1979年任温州行署视察室副主任。1994年2月病逝,终年74岁。

竹洋、大将、山头洋陈氏

《颍川郡陈氏宗谱》记载,颍川郡陈氏系闽南"开漳圣王"固始陈元光后裔。宋末元初,始祖迁徙自龙岩漳平县永福里蓝田,明正德间,陈祐、陈珠,入瓯迁徙浙江五岱嘉隆。陈伯宣派下第八世陈如旷(1703—1776),字士远,于清康乾年间移居鼎邑十八都淡竹洋,娶吴氏女为妻,是为竹洋始迁祖;陈如纹(1690—1745),字士彬,亦娶吴氏女,移居今叠石楼下大将,是为大将始迁祖;陈如通(1710—1756),字士达,迁今叠石楼下山头洋，是为山头洋始迁祖。如今，陈姓人口在竹洋近360人，是第一大姓，占全村人口总数约22%。陈姓在楼下村亦是第一大姓，占总人口近半。

庙边谢氏

谢氏，郡望陈留，鼻祖申伯。庙边谢氏源自福建南靖庄尾，迁居浙江瑞安马屿的谢铎，其子朝辉万历庚戌年（1610）继迁浙江平阳廿八都渔湖定居。族谱始迁祖生卒缺失，按其孙辈出生时间推断，本支谢氏应在康雍年间迁入福鼎叠石乡。庙边始迁祖为天尧；庙边万丘始迁祖为天舜。

大岔吴氏（垟埔吴氏）

竹洋大岔吴氏，堂号渤海，肇基祖源自泉州安溪县宫山，吴安阳由闽入浙卜迁平阳南港二十九都伏鹰。七世祖思恭（1765—1834），字维着，乾嘉年间移居淡竹洋大峡（今叠石乡竹洋村大岔自然村）居住。其后裔吴明瑞（1913—1936），系土地革命战争时期烈士。

南溪、楼下、里湾夏氏

里湾夏氏，始祖章保于明永乐二年（1404）入闽。章保，号万真，金陵凤阳府定远县人，"明太祖兵舆滁州，十四年甲午，公出金陵赴和阳从征"，授武德将军，永乐二年甲申（1404），奉旨落屯建宁右卫，卜居长溪桐北大嶂。章保子景旻（字彝鼎），世袭武德将军，自大嶂徙居南溪南山下。章保孙夏荣，字仁昭，号肇一，明天顺元年（1457）再由南溪迁玉塘，是福鼎玉塘夏氏肇基始祖。今叠石南溪、楼下仍有夏氏后裔在此生活。另，谱载玉塘夏氏十世祖叙南、图南兄弟二人于杭州避倭寇祸后，遁居浙江苍南桥墩三十七都杳底，叠石里湾夏氏是其兄弟二人再迁福鼎叠石的后裔。

水仓简氏

北宋末年，范阳简氏由江西入迁福建，简会益万五郎被尊称为客家简氏的入闽始祖。福鼎叠石水仓简氏与竹洋简氏，均源于福建永定县培丰镇田地石砌塘村。简姓福鼎开基祖系简会益脉下第十九世简旭嘉，讳在斌，号淑佳，清康熙戊子年（1708），携子简文福（1702—1741）从田地石砌塘，迁徙福宁府鼎邑十八都水仓开基，为一世祖。简会益脉下25世简松恭（1799—1848），名合，迁淡竹洋牛屎墩。

叠石温氏

叠石温氏，按1932年《温氏族谱》记载，其始祖为大泮（字君锡，号兴□），业儒，于明季由闽西迁浙江平邑北港鹭鸶湾。谱牒资料显示，这支温氏应为太原入闽温姓始祖温九郎后裔。约在明代嘉靖年间，闽西温氏迁往闽东、浙南平阳、苍南一带。民国《温氏族谱》显示，大泮公后裔五世祖茂信公（1676—1731），字国敬，入赘江西垟尤家衕陈家。其后，本支温氏九世祖存蔡（1818—1893）、存篙（1839—？），约在清道咸年间相继迁往叠石乡叠石村居住。

双溪口赵氏

鼎邑十八都双溪口（今叠石乡库口村双溪口自然村）赵氏，源自福建省龙岩市长汀县涂坊镇吴坑村。清康熙五十五年（1716），赵氏30世祖长龙（1695—1763，字德龙，号荣元）、鼎龙二公，携其父明先公之骸瓶肇迁福鼎十八都苏家山双溪口。其后裔第三十一世祖成拱于嘉庆十四年（1809）迁居霞浦后墩下塘福鼎楼（搭寮棚暂居故名）。双溪口赵氏离祖不离腔，操汀州口音，成为福鼎典型的操汀州话三处地方之一。

杨梅溪梅氏

杨梅溪梅氏，得姓始祖为商汤时期梅伯，以封地得姓。明永乐四年（1406），梅姓始祖梅至、梅祥兄弟，从景宁大涤迁居泰顺罗阳溪坪。其后裔思聪，字善后，于明永乐十一年（1413）分居温州瑞安五十九都九甲溪坪创业。明景泰壬申年（1452），分隶故居泰顺，思聪系杨梅溪梅姓支派之支祖，其后裔散居浙江泰顺龟湖、黄桥、柳峰、戬州等地和福建前岐、黄仁等处。

叠石畲族

蔡勇明

畲民，在闽东有据可考的最早记述是北宋末年雷姓迁入福安金斗洋村。谱牒资料显示，蓝、雷、钟三姓先民大量在唐代始迁闽东，最大批的迁入发生在明清时期，尤以明万历至清乾隆中期的200年为集中。畲民迁徙与明清时期的政府招民垦荒、禁海展界等政策密切相关。《霞浦畲族志》载："明洪武十三年（1380），畲族辗转迁徙，从罗源移居福宁，并浙江温州、处州等处，本境最迟至此时，已有畲族居住、活动。"

叠石畲族先民聚居在闽浙两省交界的地区，明清时，这一带尚未完全开发，民国《福鼎县志（残卷）》载叠石："区盖处全邑上之右，而僻在群山万壑中者也。"据记载，叠石乡畲族居住的山区，民国前常绿阔叶林相当茂密。福鼎桐城柯岭脚至叠石茭洋排岭头段是古福鼎通往浙江泰顺的古道"桐山大道"，当时林木参天，十分茂密。直到中华人民共和国成立初期，福鼎西北叠石畲族群众居住的地区，森林资源还是相当丰富。桐城浮柳《蓝氏宗谱》记载："清乾隆十二年（1747），文显、文发率族裔兴业植树于柯岭脚至菰岭头（今叠石与桐山交界处），沿岭二十余里路旁以千计之，作为路荫，并建一蓝家亭（老虎亭）于守之。"

叠石畲族先民定居在林木葱郁的大山中，显然靠山吃山，采薪烧炭等绝对是营生手段之一。地面考古文物显示，此地畲民同福鼎其他地方畲民一样，以练蓝、造纸为业。杨梅溪村第一坑自然村发现多处蓝靛加工、土纸制造遗址，竹洋村石鼓岚自然村吴姓发现染蓝加工的踹布石，故而叠石乡畲民操种蓝、植蓝之业，进而加工蓝靛、织染土布、土纸制造是重要农事。

人口区域分布情况及迁徙路线

1952年7月13日，财政工作报告显示，南溪乡（包括小章、坑里、南溪三个行政村）苗民（1956年12月，国务院认定畲族为一个单一的少数民族，并确定族称为"畲族"）为102户，344人（男216人，女128人）。

1984年版《福鼎县地名录》载:"全社(叠石公社)233个生产队,194个自然村,19361人,其中畲族1073人。畲族主要聚居在里楼、三井面、坪路下、猴孙潭等11个自然村。"

统计数据表明,1990年叠石乡畲族人口共780人,其中,叠石村79人;苏山村133人;苍边村5人;竹洋村137人;里湾村95人;茭洋村133人;庙边村45人;南溪村153人。由于叠石乡属于福鼎城区饮用水涵养地,经济发展相对滞后,基于扶持山区民族村落发展考量,予以政策倾斜,2016年2月18日,叠石乡竹洋村成功申报为少数民族村。

近期,叠石畲族人口分布及最新摸底迁入情况见下表:

行政村	畲民数据	主要姓氏分布	主要迁入地	分布自然村
叠石村	50人左右	蓝、雷		山下(蓝)、会甲溪(雷)
竹洋村	140人左右	蓝、雷、李、钟、吴	福鼎浮柳、深垄、浙江泰顺、霞浦	半岭亭(雷、蓝、李)、牛屎墩(雷)、三井面(钟)
库口村	<10人		云南等地嫁入	
楼下村	<5人		云南等地嫁入	山头洋、大将、八斗
苏山村	160人左右	钟、雷、蓝	钟姓迁入地浙江省灵溪黄渠溪边村;雷姓迁入地浙江省苍南北港老村;点头浮柳	钟姓,现居浙江彭溪;雷姓,现居八斗
里湾村	20人左右	雷	浙江省苍南县	虎头柘
杨梅溪村	80人左右	钟、雷	浙江省景宁	坪路下
南溪村	180人左右	雷、蓝、钟		罗二、孙潭、田垄
茭洋村	230人左右	雷、蓝		里楼(雷)、排岭(雷)、三斗(蓝)
庙边村	40人左右	雷、蓝		大岗
合计数	915人左右			

丹峰村、苍边村、车头村、马尾村未发现分布。

泰顺民间传说,泰顺畲族先民先由粤徙闽,至唐僖宗末年,再由闽入浙,迁平(平阳)、泰(泰顺)、瑞(瑞安)等地。与泰顺近邻的叠石很可能是过境必到之处,甚而有部分畲民就此择地定居。但现时文献没有发现。

《福鼎畲族志》记载,明万历十四年(1586),处州钟氏始祖百户后裔振辉由广东凤凰山迁居桥亭洋心,其派后裔分迁叠石茭洋王海、竹洋三井面;叠石畲族李姓福鼎始祖万十三郎,于明正德八年(1513),由霞浦雁落洋徙福鼎白岩村,生六男,分礼、乐、射、御、书、数六房,其御房派衍叠石茭洋、王海。

《闽东畲族志》记载,叠石南溪雷姓系明洪武二十八年(1395)迁入白琳牛埕下的雷肇松后裔分迁;叠石竹洋吴姓畲族系始祖知几(原名法度,来自浙江省泰顺县兰溪东门外九堡大路边村)第八子吴法传七世孙吴元通,于清顺治三年(1646)

首迁点头翁溪宕，继后其第三、四、五、六、八房支派迁入福鼎定居，分别散居叠石竹洋村、竹洋三井面自然村、茭阳王海自然村等处；霞浦牙城上庭村畲族李姓始祖永督，系清同治年间从福鼎叠石下楼（叠石苏山村）迁入。

叠石畲族族谱等资料也表明，地处闽浙两省交界的山区，由于地域相连、地理界线不太明显（至今两省两地间耕地还遍布你中有我、我中有你的插花地），再加上语言相通，因生存繁衍、规避战乱、通婚联姻等因素，故而两地畲民间迁入、迁出的活动相对较为频繁。

畲女行走在竹洋半岭亭古道（蔡勇明 摄）

畲家儿女优秀事迹

明嘉靖己未（1559）秋，倭寇从福鼎登陆，进而沿"桐山大道"进犯内陆，意图剽掠浙江省泰顺县。当倭寇窜达叠石乡茭阳村排岭隘时，遭到泰顺庠生林田为首的当地民众拼死抵抗。居住当地的畲汉同胞同仇敌忾，联手抵御外侮。

《福鼎畲族志》记载，1946年冬，叠石苏山龙潭面畲村恢复了以钟玉友为宣传委员的党支部，并发展蓝阿胡等一批畲族党员。1935年至1937年，刘英、粟裕率领的红军挺进师抵达浙南、福鼎，北上抗日。在此地开展革命活动期间，叠石竹洋牛屎墩畲族群众利用银硐建有红军医院，掩护革命同志躲避搜捕，保护了红色革命力量。为救助红军伤病员，叠石群众还在竹洋村牛屎墩、三井面，茭阳村鼎楼、三丘，里湾的里洋岔、坪路下等畲村，设临时红军后方医院，救助了大量的红军伤病员。反"围剿"期间，南溪乡（即今叠石乡）优秀共产党员钟玉友，为掩护革命同志不幸被捕。敌人将其四肢钉在墙上，要其供出革命同志，但其坚贞不屈，始终保守党的秘密，最后被活活钉死。

中华人民共和国成立后，福鼎全县统计畲族烈士107名，其中，来自叠石的有：

雷得敬，竹洋，男，1910年出生，失踪。

雷作兵，苏山，男，1913年出生，挺进师战士，1937年牺牲。

雷德春，茭阳，男，1912年出生，区交通员，1937年牺牲。

蓝盛吾，茭阳，男，1914年出生，新四军战士，1940年失踪。

革命"五老"人员，来自叠石的有：

钟阿花，里湾，女，1923年出生，接头户。

李招褚，叠石，男，1879年出生，地下党。

钟大静，苏山，男，1914年出生，交通员。

1985年，叠石乡茭阳小学畲族教师雷华安被授予"全国边陲优秀儿女"奖章。

叠石畲族文化

叠石畲民与全体畲族同胞一样，是一个具有优良文化传统的民族。长期的生产活动中，积累了丰富的知识和经验，创造出绚丽多姿的文化艺术。资料显示，旧时畲族男女（指未婚）山上相遇，喜对山歌、小调，如果双方合意，便可请求父母出面订婚，现在这种原始的自由择配已消失。畲族群众爱唱山歌，可以即兴随编，日常生活中常以歌代言、以歌叙事，生老病死、红白喜事时都离不开唱山歌。将畲族山歌、小调略加整理记录，便是他们所谓的歌言。叠石乡竹洋村的畲族群众主要集中聚居在牛屎墩、三井面、半岭亭一带的自然村。2017年起，竹洋村正式将举办的二月二对歌节、七月七畲族歌会逐步标准化、固定化，推动叠石畲族文化发展。

我曾搜集叠石竹洋村牛屎墩群众保存的歌言，是叠石乡茭洋王海自然村畲族歌言《古笼担》。其中内容，既有对古代民间历史故事的演绎，像《纣王败江山》《番边攻打安禄山》《三请吕布虎牢关》《隋文帝管江山》，也有传统戏剧故事情节的片段引用，像《梁祝》《目莲去取经》等；既有青年男女爱的倾诉，像《娘那冇胆莫撩郎》《你娘作客郎洞山》，又有日常男耕女织生活的比兴描述，像《石壁冇土难栽姜》，还有寓言、劝世、常识教育，像《劝人心》《百鸟名》《读书歌》，甚至近现代时政类的，像《抓壮丁》《送郎当红军》等。可见叠石畲民热爱生活、融入社会。

畲族歌言，是畲族对歌谣的族内称谓，是畲族独创的以歌代言的艺术表达形式。唱歌言是畲族最喜爱的，也是最普遍、群众参与最广泛的音乐活动。

古笼担，即旧时货郎在乡间走街串巷时挑的日常用品货担，货郎为吸引群众注意，手中常执一拨浪鼓，摇动时发出"咕隆咕隆"的声响，故畲歌曲定名为《古笼担》，应属当地畲民将日常对歌时的畲歌唱词辑录而成。

叠石畲民先民在长期的生产实践中还总结出大量的青草药防治疾病经验，并对某些疾病提炼出独特的诊疗手段，涌现出如南溪七代传人、精治妇产科雷李梅等名医。

叠石畲民就是这样以辛勤的劳作和聪明才智为福鼎北部山区的开发和文明的发展做出自己应有的贡献，并追随时光的流逝，逐步融入中华民族大家庭。

南溪水库

陈希立

　　桐城西北三十里之南溪村，位处泰顺之东南，县城之西北，源远流长，涧溪之流皆汇于此，水量丰富，加以利用足可造福人民。20世纪60年代初，县政府动员人口迁移，发动全民建水库，蓄水为用。一可发电，供生活、工业之用，二可灌溉，为八尺门内围垦农田供水。1991年六七月间，余与诸友陪同返梓合胞卢佳怀兄驱车水库作观光游。车上行约半小时，至最高处便可见湖光一角，车下行至水库管理区宿舍，弃车步行，辄见沿途两旁有食铺、杂货店十余间，续连至库湖之上。同游诸友，觅一面湖小食铺，凭窗眺望。水库大而长，西至古林村，为五里，西南至丫门头山麓，西北至望海村，东北至温泉，宽约三里，一泓库水，静平发光，俨成天地中一块自然明镜。环湖皆山，密树成林，郁郁葱葱。山麓为涨洪冲蚀层，岩石显露，林青石白，界限分明，此为湖镜极天然之镶框也。小食毕，沿阶而下，库滨备有二小机艇，专供沿湖村民来往过渡。是日天朗景明，岚光山色，倒映水中，形成绝妙之一山水画。机声隆隆，水波粼粼，凉风习习，笑语频频，人在画图中，不禁忆起"画舫来往碧波中"之句，个中情趣，非亲临其境者所能喻也。

南水过洪壮景（蔡勇明 摄）

　　泛罢，继作坝上游。坝高数十丈，内拱形，盖为增强力度故也。坝外半坡间有廊可通坝端两山。廊宽约六米，廊内设机房，避雨处，中可容五六人，廊两头皆有阶，约百级，甚陡，由下而上，膝与胸平。登石阶，颇觉费力面汗而气喘。登坝顶，瞥见可供拍照背景，同游诸友合影留念。

　　是次游览，巧遇此地昔

云雾缭绕的南溪水库（蔡勇明 摄）

授业李生,力挽余至其居处,以叙别怀。盛情难却,应邀而往。李生引渡至丫门头山麓上岸。山岭崎岖,小道逶迤,沿坡上行约三里,乃见竹篱茅舍,亦间有瓦屋平房,约十间。直至半坡中,一幢石墙楼屋展现眼前。生曰:"此乃少数民族大队部,我即在此负责医疗工作。"原期逗留片时即返,讵料李生坚留夜宿。是夜乘凉庭前,月冷星稀,遥对深坑幽谷,耸树苍翠如黛,静谧异常,宛如置身世外,杂念全消。斯游也,有所欢乐,有所期望,亦有所思怜。何也？所欢乐者,乃与故友佳怀兄及诸朋,泛舟库湖,又值良辰,共尝山水佳景,拙作俚句"南水泛舟添逸趣,此欢端不让王侯",正是此时心情之流露也。有所期者,佳怀兄赞美此地之景物,告曰此处环境幽美,有湖、有山、有层林、小艇,湖中小丘可建楼台亭阁,近旁又有温泉供旅游者沐浴,交通极便,且近县城,开辟旅游景点,游者当必成群结队,接踵而至；惜乎,此期望未知何年何月变成现实。所怜思者,此地少数民族,居茅房陋屋,文化落后,耕作原始,衣食尚且不足,视子女为劳动助手,何能送其入校学文化？无文化则不懂科学,又如何发展农业生产？彼辈只知日出而作,日入而息,凿井而饮,劳耕而食,终难脱贫,实堪怜悯也。余老矣,唯寄望于后生,以民饥为己饥,民困为己困,科教兴村,速图脱贫大计。只有怜悯,何用也！

南溪水库建设始末

> 方 东

　　南溪，属福鼎的水北溪支流。水北溪位于福鼎北部，发源自浙江泰顺山区，流经南溪、溪柄、库口和福鼎城关，由梅溪入海；主河道全长约42千米，城关以上的流域面积352平方千米。

　　水库建在南溪中游，坝址在竹石坑（今桐山办事处古岭村石竹坑自然村）白箬潭（今属叠石乡马尾村管辖）下的石鼓岚，距城关19千米。上游控制流域面积164平方千米，占水北溪支流流域面积的46.6%，坝址多年平均流量6.68立方米／秒，多年平均来水量2.11亿立方米，与其他河流比较，洪水流量较大；500年一遇洪峰流量4200立方米／秒，50年一遇洪峰流量2700立方米／秒；坝址多年平均输沙量3.55万吨。坝区山高坡陡，河深流急，基岩裸露。坝址地段平时水面宽约20米，两

南水石竹坑渡与渡轮（蔡勇明 摄）

岸地形不甚对称，右岸山体浑厚坡陡，左岸悬崖峭壁，工程施工难度较大。

水库工程经过多年筹划，1971年规划上报，经福建省革命委员会生产指挥部批准立项，于1972年11月26日成立福鼎县南溪水库工程指挥部。以后为了加强党的领导，又成立党委会。从全县各单位抽调干部、职工上百人，负责工程施工管理工作。1973年2月8日，组织7000民工，分区划段包干，仅用40多天时间，筑成自城关通往坝区的9.5千米施工道路，为最后完成勘测设计和顺利施工提供了必要条件。

一期工程自1974年8月10日开始清基，至1983年5月建成坝顶交通桥止，工期将近10年。1984年3月15日至18日，省水电厅组织以胡汉光同志为首的验收委员会，在福鼎召开一期工程竣工验收会议。参加会议的有省水电厅、宁德地区水电局、建设银行、福鼎县人民政府、水库工程指挥部、水库管理处等有关单位负责同志及有关人员48人，听取设计、施工、管理等单位汇报，并查看工程现场，组织专业分组审查鉴定，一致认为水库一期工程的建成，对促进福鼎工农业生产发展起着重要作用；福鼎人民为水库建设付出巨大力量；福建省水电设计院、宁德地区水电工程局的职工们都为工程建设做出贡献。水库建设成绩很大，施工砌筑均符合设计要求和施工规程，试运行正常，工程质量好，财务收支清楚，有关竣工验收资料完整。验收委员会同意正式交付使用，并作为福建省参加国家级优秀设计项目上报。最后评定为省全优工程，

南水环库周边的垂钓客与废弃的老旧渡船（蔡勇明 摄）

并荣获水电部双优工程金质奖和国家级优质工程银质奖。

1983年11月，成立福鼎县南溪水库管理处，原来设置的坝区管理所、一级水电站、二级水电站、城关供电所等职能机构，均归管理处统一管理。1985年8月，福鼎县政府做出水电分家的决定，成立福鼎电力公司，电力公司为企业单位，管理各级电站发电供电业务；南溪水库管理处则为事业单位，向电力公司征收水费并利用库区自然条件，发展综合经营。管理处和电力公司统一归县水电局领导。

一、工程施工情况

1. 大坝工程

水库大坝系100号细骨料混凝土砌条块石双曲拱坝，坝顶高程164.30米，总库容6700万立方米，坝体最高处为67.30米。

1974年8月10日开始清基，1975年1月30日完成大坝右岸一期清基。1975年2月5日，经省、地有关单位派员进行现场审查确认开挖完成，验收通过。1975年3月18日开始浇筑大坝基础垫层混凝土，4月21日正式投入大坝砌筑，于1981年11月砌至151米高程，具备堵孔蓄水条件。1981年11月22日，应县委要求由省水电厅郭怀玉等同志主持召开福鼎县南溪水库双曲拱坝导流底孔封堵前检查会议，认为坝区工程量已绝大部分完成，工程设计与施工质量良好，工艺水平较高，具备提前封堵导流底孔的条件，根据会议纪要，1981年12月17日顺利封堵，正式蓄水。1982年5月26日完成溢流段钢筋混凝土浇筑，1983年5月建成坝顶交通桥。底坝坝顶达164.30米高程。

2. 电站工程

鉴于福鼎工业生产严重缺电，大坝工程又由于各种原因短期内无法竣工，而坝头至呑里（二级电站）总干渠道已经施工，提早开发水能资源、先建二级电站发电已经具备条件。因此，县委向省水电厅报告，要求先建二级电站，争取提前发挥发电效益。省厅批准将国家核定一级电站的补助费149.51万元，移建二级电站。二级水电站基建工程自1976年10月正式动工，1988年6月26日两台机组2×1600千瓦发电投产。1988年10月增容2500千瓦，二级电站目前装机容量为5700千瓦。

一级水电站随水库大坝工程一道批复，1974年省水利电力勘测设计院提供施工图纸。根据设计，一级水电站装机容量为2×1250千瓦。由于受大坝施工等各种因素影响，施工进度比较缓慢，又报批准动用国家投资先建二级电站，一级站工程缓建，延至1980年5月才由人民银行贷款150万元续建，1982年8月底基本完成，1983年5

月1日正式并网发电，总装机容量为2500千瓦。

三级水电站设在苗圃，由桐城乡营建，1983年动工，1987年1月投产，两台机组2×400千瓦，总容量为800千瓦。

3. 渠道工程

总干渠长7.56千米，流量9立方米/秒，于1977年12月完工通水，主要建筑物有一号隧洞长498米，于1976年6月13日凿通；二号隧洞长2480米，于1976年12月18日凿通；间隔洞2座，分别长560米和160米；土洞1座，长36米；钢筋混凝土渡槽1座，长20米；石、土渠长1941米；泄洪闸7座；节制闸6座；暗洞两条，共320米。

4. 库区移民

水库淹没耕地1630亩，需迁移人口1860人（由于人口的自然增长，至移民结束时，实际移民2200人），439户，拆迁房屋3170间，移民经费124.42万元，其中，国家补助55.3万元，县自筹68.62万元。县委原定"原拆原建，就地上山，小型分散"原则，库区移民除小部分迁往秦屿、硖门、玉塘、管阳、西阳、后溪、叠石等地外，大部分就地往高处迁移，至1981年已基本就绪。后来由于土地淹没，就地移往高处的群众人多地少，生活将有一定困难，因而决定再往沿海垦区的函头及兰田两地重新移出108户，378人，增支搬迁费49.87万元。

5. 工程工作量

整个一期工程共开挖土石方307.54万立方米，砌石21.39万立方米，浇筑混凝土21161立方米，工程使用劳力504.91万工日，其中义务工327万工日，使用钢材985吨，水泥22399吨，木材5466立方米。

二、工程投入

一期工程于1974年4月由原福建省革命委员会水电局组织有关部门对初步设计和概算进行审查，核定概算工程造价1523.5万元（上报概算造价2041万元），1974年5月7日，省革命委员会计划委员会批复，根据自力更生的原则和民办公助的精神，核定国家补助1260万元，其中坝区和一级电站752万元，渠道508万元，由地县包干使用，以后县委考虑到总干渠施工后可以利用已有水资源先建二级站，以发挥效益，经请示省水电厅同意缓建左右干渠和一级电站，将核定补助费149.51万元移用，使二级电站得以提前动工，先期完成。

1981年9月省水电厅同意分期建设，并批准增加100万元的工程补助，连同原核定国家补助共为 1360 万元。

这里应说明，福鼎对工程要求十分迫切，而工程造价国家补助超过 1500 万元需经福建省委常委会研究通过，当时正处"批林批孔"的动乱时期，一时难以解决，福鼎县委为达到尽速施工的目的，不得不承担责任，压低要求，自肩艰巨，勉为其难。

另外，还有其他多种因素，导致工期延长，预算突破。比如：

其一，工程初步设计审查通过时，由于上述及其他各种原因，有些应列入的工程项目，被削减或砍掉，民工补贴预算偏低，大坝部分每个工日仅定 0.4 元，渠道部分每个工日仅定 0.2 元。

其二，对整个工程的统筹布局考虑不周，漏掉一些项目，而实际这些项目都属必不可少，如城关至一级电站的进站道路、一、二级电站的输电线路、坝顶交通桥等；有些项目未经上级批准，如保坝标准等，在实际施工中已经同时建成，占用了部分经费。

其三，由于施工初期，尚在"文革"期间，受到"左"的干扰，工程施工计划难以实施，劳动定额难以执行，劳力进进退退，打打停停，造成很大浪费。另外，由于管理经验不足和客观上的一些原因，也增加了管理费用。

其四，三材紧缺，特别是水泥供应脱节，一年进料不足半年使用，更严重的是三材低格不断提高，仅水泥一项，后期进价比前期高出一倍以上，加上供需不继，经常停工待料，造成窝工浪费，这些都是造成预算突破的重要原因。

其五，当时移民工作的方针是原拆原建，库区住民大部分就地上山。淹没区迁移高处后，耕地不足，劳力没有出路，生活发生困难。面对这一情况，福鼎县委不得不重新考虑，另辟移民区，再向沿海围垦地迁移一部分，两次拆迁，移民经费有较大突破。

基于上述情况，一期工程包括二级电站的投资额为 1890.17 万元，国家补助 1360 万元，财务支出 1798.93 万元，县财拨款 435.5 万元。

福鼎人民为工程投入义务工 327 万工日，折合人民币 327 万元，全县人民支援原粮 624 万市斤，折合人民币 62.4 万元。

三、工程效益

水库效益，按照原来设计是以灌溉为主，结合发电和防洪综合利用，设计灌溉效益为 10.2 万亩，保灌面积 8.1 万亩，其中，拟在八尺门围垦及开荒 4.66 亩，这一计划因二期工程搁置，左右干渠没有开进，八尺门围垦迟迟未能实现而落空。但对下游城关已起了一定的削减洪峰作用，并使下游 8000 亩农田改善了灌溉条件。

发电效益成为工程的最大效益，这一方面是鉴于福鼎工业生产严重缺电，另一方面也为了尽快发挥经济效益,以弥补工程资金的不足,因而中途决定先建二级电站,续建一级电站,三级电站则由桐城乡与县水电局合建,1987年最后完成。一、二、三级站并网发电,二级站在1988年10月增容设备也建成投产。三所电站总装机容量已达9000千瓦,1989年实发电量3557万千瓦小时,为千家万户提供了充足的照明等家庭用电,初步缓解了工农业生产十分急需的电力资源。

南溪水库工程,开头由于各种原因,未按预期完成。但在全体工程技术人员尤其是省水电厅设计院和地区水电工程局以及友邻单位工程技术人员的大力支援下,指挥部全体人员,克服重重困难,为实现宏伟目标而共同努力;各区民工,热烈响应号召,从四面八方云集工地,上场最多时达8000人,他们自搭工棚,自带工具,自备饭菜,草草地安营扎寨,立即投入战斗,间有露宿山陬,不蔽风雨者,十载经营,备历艰辛。许多来自山区的民工,明知工程建成,他们也不能直接受益,完全是一种无私奉献的精神;在城关,所有干部、职工在县委领导带头下,肩挑背负,步行20千米,运粮接济工地。出现许多动人场面,感人至深。一期工程终于胜利完成,而且通过验收,说明是高质量的,全面符合设计要求,全县特别是城关人民由衷地感到欢欣鼓舞,口碑载道。我们感谢工程技术人员在工程建设中所发挥的巨大作用,为确保工程的全面完成和取得全优的辉煌战果立下汗马功劳。尤其值得特别纪念的是省水电厅设计院的工程技术人员魏开照,吴为成为勘察工程,翻船落水,献出了宝贵生命。我们感谢几万劳动大军栉风沐雨,艰苦创业,其中还有32人在援建中因公伤亡。我们感谢库区人民做出较大牺牲,远离生活了十几代的故土,举家迁徙,重建家园。以上这些,都是值得后人怀念的,饮水不忘掘井人,他们将永铭史册,享誉千秋。

(本文承王天海同志和福鼎县水利电力局、南溪水库管理处、南水移民办等单位提供许多相关资料,并在池学童同志的帮助下写成。原载《福鼎文史资料》第9辑)

南溪水库建设三十五载话沧桑

> 潘峻松

　　35年前，为改变福鼎缺电少水、贫穷弱后的面貌，来自五湖四海的大批水利建设者与福鼎人民并肩携手，克服了重重困难，奋战10年，建成20世纪80年代闽东最大的水利工程——南溪水库。这座水库位于福鼎西北部，距福鼎市区约19千米的水北溪上游，总库容6700万立方米，发电装机3级7台共9000千瓦，不仅为福鼎经济建设、工农业发展发挥巨大效益，还直接为56万福鼎人民提供饮水水源。

　　为追寻这段可歌可泣的艰苦创业史，记者近日寻访到几位当年参加南溪水库工程建设的老水利专家，回忆中，他们仿佛又回到那些火热而令人豪迈的日日夜夜中。

　　南溪水库在老辈人的心目中，有着非同寻常的情怀。因为建设这座给家园增添更多绿色的宝库，他们曾经奉献了自己最辉煌的一段人生。水库工程从规划勘测、组织施工，到竣工投用的十余年间，从省到地方各级有关部门领导关心支持，矢志不移筹划操劳；福鼎人民捐资筹粮，同心同德；工程技术人员栉风沐雨，精心施工；百余工程管理干部苦心经营，任劳任怨；上万建筑工人风餐露宿，艰苦奋斗；库区人民顾全大局，举家迁徙……

库区见证当年壮观建设场面

　　南溪水库建设35周年之际，记者来到南溪水库坝区，60多米高的拦河大坝巍然映入眼帘，坝体共用条石21.39万立方米，混凝土2.1161万立方米，弧形顶长228.5米。石壁拦江，高峡平湖，令人怦然心动。

　　大坝右岸百余米处，一座高十余米，建于1994年的水库建设纪念碑屹立在青山翠谷间，三棱形的碑体尖端直指苍穹，象征着水库建设者们不畏艰难铁心拼搏的创业精神，令人肃然起敬。其基座镌刻着这座水库的主要技术参数，以及这样一组数字："工程总投资1980.17万元，其中国家投资1366万元，县财政拨款435.5万元，贷款150万元；投入劳力506.52万工日，其中义务工327万工日；全县人民支援粮食312万公斤。工程于1984年被评为国家优秀设计表扬项目；1985年获水利电力部颁

南水石竹坑渡口（蔡勇明 摄）

发的优质工程奖；1986年，荣获国家级优质工程银质奖和省全优工程奖。"碑前还建有一座六角形"思源亭"，亭柱草书有"欲挽天河滋广袤，笑挥星月照城乡"对联，实为这个功在当代、泽及子孙的造福工程的生动写照。

库区群众大部分是就地安置迁移至淹没区上方的南溪村移民户，据统计，南溪库区共淹没耕地1630亩，库区移民439户2200人，拆迁房屋3170间。移民户除一部分就地上山安置外，大部分迁往秦屿、硖门、塘底、管阳、西阳、后溪、竹阳和沿海垦区的涵头及兰田等地。为解决留下来的这部分群众交通问题，水库设有渡船管理站，有3艘机动船、12艘舢板，自水库建成20多年来，免费为3000多户、12000多名库区群众提供航渡服务。

水利专家重温创业艰辛岁月

提起南溪水库，曾在南溪水库工程担任技术主管，从工程动工到扫尾都参与设计施工的退休水利工程师周名镠先生，年届古稀仍记忆如初，"那个年代里，能建成这样一个直到今天某些指标仍然不俗的工程，可以说是个奇迹！这座大坝，还是全国第一座没有设防渗墙、采用细骨料混凝土的砌石双曲拱坝，当时不但技术先进，砌石拱

南水渡头边的休闲公园（蔡勇明 摄）

坝的坝高也是全省首屈一指"。

正常情况，一座大中型水利水电工程的初步设计阶段，需经过五个阶段推进，一般历时1至3年才完成。

第一阶段，接受任务书。了解设计意图，收集以前规划阶段、可行性研究阶段的成果，组织踏勘，制定勘测计划大纲。第二阶段，准备工作。开路架桥，搭盖工棚，运输汽油、柴油、火工爆破材料，以及各种钢、木、水泥、器材设备。第三阶段，地质勘探。在地形测量基础上实施地质测绘，布置对大坝、厂房、隧洞、溢洪道、渠道、变电站等建筑物开展各种勘探，其中河中钻探必须在每年10至2月枯水期才能进行，以保安全。第四阶段，试验研究。采取各种岩样、土样、水样，做岩石（体）矿化、物理力学性质、渗透性等各种试验，开展工程区、库区、坝区、泄洪冲刷区、边坡等的专门地质问题研究，绘制探坑、探槽、探洞、岩心的素描图、展示图、柱状图，收集整理各种资料。第五阶段，内业整理。分析综合，绘制图表，编写报告，向设计师提交各类图纸及岩体物理力学指标，整理资料归档上交。

可是，当时南溪水库工程面临的现实是，由于种种原因，要求打破常规、打乱程序、打破框框，要求"当年勘测、当年审批，次年开工开路搭桥，地形测量，地质测绘三样同时并进"。因此，不但工作进度、劳动量、劳动强度、人力代价、物质成本

都要成倍增大，而且开展工作有多难、多复杂、多艰巨，需要付出多大的劳动与代价，那就不言而喻了。

铁心拼搏不畏艰险筑就百年大坝

在水库工地的生活条件，现在人们是很难想象的，受物资匮乏、交通不便等条件所限，周工程师和他的同事们住的是用油毡、木板搭盖的简易房，既阴暗又潮湿。到了汛期，房顶极易破损漏雨，"常常是干完一天活回来，疲惫不堪，然而夜里发现蚊帐、被褥全让漏水给打湿了，只好拿个脸盆什么的接水"。周老回忆起当年情形，犹历历在目。"粮食供应都靠当地筹措，大米供量不足经常还得搭配地瓜米。当时的福鼎县政府十分关心支持，得知技术人员伙食较差，时任福鼎县委书记姬志立当即决定'开小灶'——一个月供应5斤猪肉，这在普遍缺吃少穿的年代里，已经很不容易了"。

按照上级要求，为按时保质完成工程测量任务，南溪水库工程测量工作组决定，地质测绘与地形测量同时进点。周老告诉记者，由于缺乏地形资料，当时测量工作十分艰难。但办法总比困难多，有一幅地形草图就先地质测绘一个测区。而且准备工作同步开展，这就意味着要在不具备基本条件情况下进行地质测绘。于是，没路、没桥、没船，涉水过河；顶春寒、淋梅雨、冒酷暑，风雨无阻；跑路线、跑方格、跑区域，

南水的现代钢壳渡轮取代了过往的木渡轮（蔡勇明 摄）

见缝插针；找露头、找线索、找苗头，满山跟踪；描述、拍摄、取样，多头并举。全组人员铆足劲，经过一个多月的努力，测量工作基本达到预期标准，工期还比原计划提前了不少。

1974年的五一节，福鼎县领导从尚未完全通车的公路尽头，步行来到石竹坑驻地慰问。听到工作人员每天都要涉齐腰深的冷水过河，十分感动，当场拍板，送一条沿海的尖底小船给测量组当渡船。当年5月下旬的一天，省电力设计大队总工程师殷孝友带着专家领导提前介入审查。这一天因梅雨连绵，河水陡涨，不幸发生翻船事故，两名工作人员落水后，被巨石打晕而遇难，长眠在福鼎烈士陵园。

"为有牺牲多壮志，敢教日月换新天"，1974年8月10日，主体工程拦河大坝动工，历经八年苦战，1983年底建成砌石拱坝、总干渠、坝后一级电站。1984年8月竣工验收，正式交付使用。据了解，水利部有关专家验收南溪水库大坝时，曾用精密仪器进行监测，发现从坝顶到坝底垂直偏差不超过3厘米，坝体抗洪强度、防渗漏等整体性能均超过设计标准，这在完全靠手工作业的条件下，堪称一奇。

福鼎群众热情支援工程建设

20世纪70年代的福鼎，经济发展一直在低水平线上，地方财政困难，群众生活

南溪水库建成后淹没了大量的古道，残存的路段仍吸引大量的"驴友"（蔡勇明 摄）

水平较低。

据参加南溪水库筹建，并参与设计施工的福鼎退休干部喻仁存老先生回忆，当年决定建设南溪水库，仅争取到省级财政1260万元，其余按照"民办公助"，即发动群众出工筹粮，由地方财政给予一定补助的形式投入建设。当时全县12个公社，以民兵营为单位，每个公社组织100多劳力，组织土石开挖、大坝砌筑等施工作业。县财政先后出资435.5万元，每名施工人员一天给予粮食2斤、一个工日补助4角钱。以当时的条件，想用机械化、现代化的方法建设是不可能的，只能从实际出发，人挑肩扛，锄挖车拉，石砌夯打，土法上马，搞人海战役。清理坝基结束，砌石奠土开始后，每天都组织3000多名民工上工地，突击时最多的每天达5000多人。为了加快施工进度，广泛开展劳动竞赛，比进度，比质量，比安全，比风格。奖励是一面巡回的优胜红旗，哪个连队优胜，就把红旗插到哪个连队。竞赛出效果，大大促进了进度，大坝每天增高一大截。

每天三五千人上工地，除少数施工人员住在农户家外，大多是住在工地上搭建的工棚里。这些工棚以松木为柱椽，竹篾盖顶围墙，里边是竹木搭成的高低铺。一个工棚要住上百人。夏天闷热难忍，苍蝇叮，蚊子咬；冬天透风，寒冷彻骨。每个营设一食堂，烹调饭菜。有的家庭困难的民工，连大米饭也没得吃，只好蒸番薯、就着咸萝卜当饭吃。

数十载春秋弹指一挥间，如今的南溪水库，集发电、灌溉、防洪、供水于一体，有力地保障福鼎生产生活用电以及数万亩农田灌溉。双曲拱坝高耸两山之间，溢洪直下，瀑布飞虹，蔚然壮观；水库波光潋滟，如诗如画，游鱼上下，孤岛停舟，风景迷离；沿水库周围竹茂林丰，山崖险峻，碧水丹山，步移景换，已成为福鼎人民发扬自力更生改造自然的一座丰碑。

叠石乡的水电站

蔡勇明

叠石乡境内峰峦重叠，据不完全统计，有67峰海拔都在700米以上。境内有多条水系，会甲溪、车头溪、茭洋溪、徐溪等发源或流经叠石，水资源丰富。1984年建成总库容6700万立方米的南溪水库（市属）。乡属电站继1970年建成车头水电站二级站（股份制企业）后，又陆续建成苏山水电站（全资）、库口水电站（全资）和茭泉水电站（民营股份制），总装机容量现已达5630千瓦。还有规划中的三井面水电站（尚待开发）。水电产业已成为叠石乡重要的绿色支柱产业，为乡村振兴，发挥可观的经济和社会效益。

苏山水电站

苏山水电站位于福鼎市叠石乡境内的苏山溪上，站址距叠石乡政府约7千米，距福鼎市中心约24千米。苏山溪总流域面积15.2平方千米，苏山电站坝址以上流域面积12平方千米，主河道长度5.8千米，平均坡降4.6%。厂址以上流域面积13平方千米，主河道长度7.0千米，平均坡降4.3%。

苏山水电站主要由大坝、进水口、引水渠道、压力前池、压力钢管厂房以及升压站组成。苏山水电站的大坝采用浆砌石拱坝，溢流坝段坝体及非溢流段上下游面采用100号水泥砂浆砌方整石，非溢流段坝体采用100号细骨料混凝土砌块石，坝顶高程为304.40米，最大坝高8.5米，坝顶宽0.4米。溢流坝段坝顶长度（弧长）30米，非溢流坝段左岸坝顶长6.5m，右岸坝顶长12.5米。水库正常库容1万立方米，属小山塘。

苏山水电站现总装机容量525千瓦（1×400+1×125kW），电站于1977年底建成发电。电站初始装机为（1×200+1×125），1998年电站改造时更换1#机水轮机，2002年将1#机发电机更换为400千瓦。电站开发方式为引水式，近三年年均发电量为193万千瓦时。枢纽现状建筑物包括大坝、引水渠、压力前池、压力钢管、厂房和升压站。

经过40年的运行，苏山水电站机电设备老化陈旧，耗能高、效率低，机械设备全部为手动操作，安全可靠性低。为提高综合能效和安全性能、促进水资源合理利用、

曲坝过洪场面（蔡勇明 摄）

维护河流健康，苏山水电站拟进行增效扩容改造。

2017年6月20日，福鼎市水利局组织福鼎市财政局、福鼎市叠石乡人民政府、浙江中洲水利水电规划设计有限公司、福鼎市玉溪水电站等单位，在福鼎市水利局召开《福鼎市苏山水电站增效扩容改造工程初步设计报告》审查会。本次增效扩容改造工程设计主要内容为：通过水能计算分析后将苏山电站装机容量由525千瓦扩容至600千瓦；厂房维修改造；选择高效率、低耗能的水轮发电机组及其辅助设备；采用计算机综合自动化监控及保护系统，达到运行稳定、生产安全、维护方便。通过改造到达增效扩容的目的，实现无人值班（少人值守）的目标。经径流调节计算，电站改造后设计多年平均发电量为232万千瓦时，与近3年实际年发电量均值193万千瓦时相比，年发电量增加39万千瓦时，电量增效系数为20.2%，满足增效扩容改造大于20%指标值，电站增效扩容效果明显。

茭泉水电站

福鼎市茭泉水电站是一家股份制企业。电站坐落叠石乡茭阳村和南溪村结合处，会甲溪支流下游河道。该电站于2004年2月20日通过市水利局审查，于2009并网发电投产。电站由一台装机容量630千瓦/时的水轮机和发电机组组成，总库容10.1

万立方米，调节库容 5.8 万立方米，死库容 0.6 万立方米，形成自然落差 263 米，控制流域面积 45 平方千米。总投资 271.96 万元，环保投资 14 万元。年均发电量 196.7 万度，年产值约 80 万元。茭泉水电站拦河坝采用单曲拱坝，坝顶高程 432 米，坝底高程 422 米，采用自由流溢流，溢流段净宽 30 米，坝顶厚 1.2 米，坝底厚 2.6 米。电站引水系统由 1253 米压力管组成，采用明管铺设，管径 500 米，管壁厚 8—12 毫米，压力管沿程共设 13 个镇墩，每间隔 6 米设一支墩。电站采用地面式厂房，厂址位于岭脚自然村，地面高程 162 米，主厂房尺寸（长×宽×高）为 10 米×9 米×6.6 米。厂房内置一套 630 千瓦水轮发电机组。开关站布置于厂房后山坡，采用户外式，面积 3 米×3 米，地面高程 163 米。压力管道轴线与厂房纵轴线正交。工程坝址修建简易公路 300 米，厂址修建公路 200 米。

库口水电站

位于福建省福鼎市水北溪上游库口村，属叠石乡集体企业，建于 1989 年 9 月，装机容量 2×400 千瓦。1993 年电站增容 1×400 千瓦，总装机容量 3×400 瓦，设计水头 56 米，设计流量 2.85 立方米/秒，设计年平均发电量 629 万千瓦时。拦河坝控制流域面积 99.8 平方千米，坝址年平均径流量 1.31 亿立方米，坝高 14.5 米，坝顶高程 107.88 米（黄零高程，下同）。水库总库容 34.3 万立方米，有效库容 12.1 万立方米。引水建筑物布置在河道右岸，坝后布置直径 1000 毫米的压力钢管，长 14 米，后接隧洞长 1375 米；断面为 1.8 米×2.0 米（宽×高），隧洞出口至厂房为内径 1000 毫米的压力钢管，长 163 米。

库口水电站增效扩容改造工程总投资 539 万元，其中，中央补助资金 132 万元，省级财政补助资金 38 万元，业主自筹资金 369 万元。改造后总装机容量 1890 千瓦，年平均发电量 753 万千瓦时，增加装机容量 690 千瓦，增加年发电量 198 万千瓦时。上网电价为 0.30 元/千瓦时，年收益 225.9 万元，新增年收益 59.4 万元。2015 年 9 月 22 日改造后投入试运行至 2016 年 6 月 15 日，近 9 个月已完成发电量 900 万千瓦时，机组各项指标均达到设计要求。改造后电站的自动化程度、安全性和经济性得到显著提高。

车头水电站

位于闽浙交界的福鼎市叠石乡车头村，距城区约 28 千米，建成于 1970 年。该电站设计水头 81.3 米，设计流量 1.463 立方米/秒，装机容量 2×400 千瓦，年平均发

车头水电站上游风光（蔡勇明 摄）

电量499万千瓦时；坝址以上流域面积78.7平方千米，径流利用率31.1%。

主要水工建筑物：7米高拦河坝1座，长600米引水渠道，1座前池，1条长119.2米直径800毫米的压力钢管和1座面积131.2平方米的厂房。

20世纪70年代，车头水电站是福鼎市唯一骨干电站，为福鼎工农业生产和人民生活提供必要的能源。1978年以后，福鼎相继建成南溪水库一二级电站、桑园电站及一批乡镇骨干电站，车头水电站在电网中的地位渐渐降低。

为了与上游彭溪二级水电站发电流量匹配，减少水能损失，充分利用水力资源，增加电站经济效益，车头水电站又进行技改增容，车头水电站技改工程装机容量为3200千瓦。经过18个月施工，工程完工并投入生产，从设计及水工建筑物运行观察，电站各项指标均达到设计要求，也说明原先以为施工难度最大的斜洞埋管方案实施是成功的。2006年9月16日，宁德市水利局在福鼎主持召开福鼎市车头水电站技改工程竣工验收会议，确认电站实际技改新增装机4×800千瓦。工程投资控制在预算之内。该工程投入使用，将使该处水力资源得以充分利用，径流利用率增加了36.73%，工程效益显著。

会甲溪源头风光（蔡勇明　摄）

三井面水电站

　　1996年8月，受叠石乡委托，市水利水电勘测设计室经实地踏勘，编制完成《福鼎市叠石乡竹洋三井面水电站初步踏勘报告》，并对工程进行初步选址，提出初步开发方案。2003年3月，受福鼎市三村水电发展有限公司委托，于2003年8月编制完成《三井面水电站初步设计报告》。2003年9月至2004年3月，宁德、福鼎两级水利局组织有关专家，经现场查勘和资料评估，提出初步咨询意见。2004年8月，修编完成《三井面水电站初步设计报告》。2005年1月24日，福鼎市发展计划局行文（鼎计基〔2005〕009号），核准在叠石乡三井面建设三井面水电站，装机1600千瓦，年电能500万千瓦时，投资1250万元，建设资金由股东筹集解决。其后，由于国家对乡村水电产业政策调整，工程下马。

叠石乡历史上几次森林管护事件

蔡勇明

楼下村村民保护名木古树

据柴喜堂、蔡幼华主编的《八闽花卉史略》及福鼎县叠石乡楼下村的族谱载，清嘉庆年间（1796—1820），该村村民的祖先迁居到此时，在大路岭边种下一株柳杉。树种下后，有一年还险遭刀斧之灾，村民们奋起护树，一些妇女围住树兜，表示"要砍树先砍人"，才得以幸存。1998年，该树树高38米，胸径160厘米，冠幅东西向1.7米、南北向22米，树干直到10米高处才分生枝杈，古有"百尺无寸枝"之誉。现在是福鼎市最高大、最古老的柳杉王，被列入福鼎市生物多样性保护工程。

竹洋村民要求保护私有林场

1938年4月8日，第一区淡竹洋农民代表洪志清、洪奕清呈文当时县长陈廷祯，提出"窃本乡山多田寡，民等俱恃山场竹木为主要产物，近以村中地痞恣意砍伐树木竹笋，肆无忌惮，虽屡经劝止，恝无忌，未已采伐如故，仗思此山场林木乃系民等留绿己业，并非公有，若任被辈摧残，不加以禁止，以有限之树木供无穷之盗取，诚恐砍伐殆尽，则民等受害良非浅鲜，为此具文呈恳钧长，察核俯赐布告，保护并严禁盗砍，以重林业，实为公便"。4月10日，得到批复，布告周知："嗣后如有任意在该山场盗砍树木竹笋，侵害物权，比定而严惩不贷，其各凛遵毋违。"

南溪保为修复通衢古道桥梁要求征工选伐行道树

1943年7月8日，时任南溪乡乡长朱学通致呈县政府，请求砍伐菰岭路旁，择其浓荫较密之处，松树七枝作为修缮竹坑保矴埠头永安桥（"叠经数修，终遭溪洪冲流"）桥板之用。县长王道纯批示同意，要求将征工通过保长进行，预防滥派服役，并要求将服役人员数报政府备查。

桐山古道茭阳岭（石佛宫）古树砍伐案

1947年3月31日，茭阳何某、董某密呈当时县长吴锡璋，要求处置茭阳何某帐、何某廉等五人未经批准，私自雇工砍伐茭阳岭（石佛宫）下一株百年老树并劈为柴片约30担作为私人焚火物，摧残路荫，触犯《森林法》。同日，茭阳村民何某春、蔡某就同一事件向县长实名举报，要求处置。县长批示，要求派员查明真相，报核。5月22日，南溪乡时任乡长施从伟回复称，经查，是何某帐等认为茭阳岭道路崩毁一段，有碍交通，拟出面修理，认为茭阳岭古树是自己祖上所植，砍伐一株，变为柴片并变卖得价6000元，用于修理古道。5月26日，县长批示，因是修路，姑准备查，嗣后有同类事件，应由代表会通过，然后报县长批准后，方可以进行。

结果，6月9日，茭阳村何某锭、蔡某、何某春联名再次举报称，何某帐等修路是假的，目的是想逃避处罚而故意毁坏道路，然后再将其修补，谎称是修路而砍伐两围百年古树。三人要求县政府将案件转司法处提起公诉，吴锡璋批示同意呈司法处办理。

桐山古道菰岭段行道树保护事件

叠石乡境内的菰岭连接闽浙两省交界处排岭（亦称牌岭），浙江泰顺雅洋林姓祖荣官公于清乾隆五十二年（1787），率工前往，于沿岭路旁一带密植松树，期至长大以作路荫，俾行人得避烈日炎威之苦。民国年间，这些松树大的达到一丈二三尺，小者亦八九尺，已经大得路荫遮日之效用。

1948年5月，南溪乡乡长夏守芝与同村村民代表董某伍，以筑碉堡缺钱的名义，将大树砍去38株，制作板片，运往上海等处出售，计值当时法币95000万元，然后在准备继续砍伐的树上做记号。事发，引起泰顺林姓后裔不满，泰顺雅洋林必游、林升、林秀等林姓族裔向福鼎县府"实名举报"，当时县长

林业工作者对茭阳村名木古树开展调查（蔡勇明 摄）

吴锡璋批示："滥伐森林，叠经本府三令五申，严厉禁止……迅即制止砍伐，并派员翔实调查情形，具报核办勿延为要。"从公文批复时间5月20日看，夏守芝成了"前乡长"，看来经历此事，已被免职。

首次飞播造林

1973年，福鼎县委、县政府在磻溪、南溪、管阳等偏僻山区，开展福鼎县中华人民共和国成立以来第一次飞机播种造林。济南空军部队支援4架次飞机，飞行30多航次，播种造林10万亩。

叠石茶业发展简史

🍃 蔡勇明

福鼎叠石乡位处福建东北部,紧挨浙江省泰顺县。民国《福鼎县志·卷一·第五自治区分篇》称此地"处全邑上游之右,而僻在群山万壑中"。是典型的山区乡镇,境内山峦叠嶂,临近千米高峰数座;涧谷纵横,山清水秀。被誉为福鼎人民母亲河的桐山溪,发源于浙江省泰顺县雅阳,至溪头入福鼎县境,桐山溪在闽浙两省叠石段,称会甲溪,流经乡境内茭洋、庙边、叠石、竹洋等村,沿途汇聚茭洋溪、车头溪、徐溪等支流,注入南溪水库,继续流经叠石乡马尾、库口后注入桐山溪中段水北溪,桐山溪整个流域面积达 352.6 平方千米,其中在福鼎境内的流程长 32.3 千米,流域面积 193.3 平方千米,滋养沿途村落,山水俱佳的自然条件,为孕育出产好茶奠定良好的生态环境基础。

叠石乡境内除水电为乡支柱产业外,无污染型企业,2012 年叠石乡被命名为第五批福建省省级生态乡镇。饮用水水质达标率 95% 以上,森林覆盖率 60% 以上,属中亚热带海洋型季风气候区。四季分明,气候温和,雨量充沛,空气清新,环境洁净无污染,被誉为"福鼎后花园",适合茶叶种植生长。

叠石产茶,历史颇为悠久,相较福鼎白琳、点头这些历史产茶区,略为逊色,故而在福鼎茶叶相关文献中无专门记载,也没引起关注。但叠石产茶,在邻近的泰顺地方历史文献与叠石民间族谱中可以探得些许蛛丝马迹,略作分析如下。

2013 年 12 月出版的《桥墩志》载,民国年间,桥墩茶商吴源发茶行一年收购青茶达五六千担之多。境内青茶供不应求,在福鼎县的白琳、店头、管洋、叠石和泰顺县的富洋、彭坑等地都设收购点,委托代理商收购,在高峰时期则派人监督,并用盖有厂号的白色布袋装茶,挑运至桥墩进行精加工。

1940 年 7 月《浙茶通讯》记载,泰顺五里牌(今泰顺彭溪镇五里牌村)在民国年间,浙江省油茶棉丝管理处曾专门派员管理此处茶厂。当时泰顺全境有九家茶厂,五里牌就占三家,其邻近的彭坑(今泰顺彭溪镇,与叠石乡苏山村、车头村接壤)、富洋(与叠石乡仓边村接壤)还各有一家,可见浙江泰顺茶叶生产在此地曾兴盛一时。文中记载此地"茶农所制为红茶,分两种:一名土红,一名锡红,以后者为佳。制

采摘会甲溪云雾茶（蔡勇明 摄）

造程序完备，发酵得当，叶质鲜嫩，已可与祁红媲美，售价亦高"。除了生产红茶外，文献记载当地还生产黄茶，但此茶并不适合制造外销。

叠石乡一步之遥的泰顺有茶叶加工厂且有茶商驻点收茶，与其接壤的叠石没有茶农从事茶叶生产，怎么讲都说不过去。除去五里牌、富洋、彭溪村近邻的苏山、车头、仓边村，叠石其他村落有无从事茶叶生产的呢？

1941年5月16日，时任福鼎县立南溪国民学校校长的夏品春，就茶忙时节，成人学生班及学龄儿童班无法足员、按时正常开班上课问题，专门致呈县政府请示"值此茶忙农忙之际，成人学生每日均是劳力若干；轻微工作悉赖诸童年男女辅助，以致各班学（原文档案后缺）"。可见，当时茶叶生产在叠石乡境内至少是一项涉及诸多农户、事关农家生计的大事。

南溪村《金氏族谱》明确记载："金国孚，字立应，号合峰，一号中谷，学名焕章，出生于同治四年（1865），贩茶于省城福州，经商有成，善于调解地方事务，1917年当选县议会议员，后又被推选为县立保卫团保董，积极为地方事务发声，热衷地方公益事业，1928年曾先后筹款4000多元为南溪地方修缮两座桥梁。"可见，南溪村不但有人从事茶业，而且出了茶商，且营茶有方，富为一方士绅。

民国年间，淡竹洋李厝李仪读（1883—1959）、李绍察（1911—1948）父子营商有成，富甲一方。李仪读创设茶号李长兴，李绍察13岁起经商贩茶，制售黄汤、黑籽（黑茶籽）、明前"旗枪"，贩卖于浙江省文成、温州苍南一带。当年其子联合族中兄弟分东、西、南、北四个方向收茶，号称"四杆秤"，在地方颇有经济实力，系国共两党均努力争取的对象。其后裔口述，有一年"旗枪"抢手（茶青达红纹银一元），绍察抓住机会，从泰顺雅阳埠下，大量购进出售，赚得银圆多得得用米簸箩装着挑回，从此发家。李氏父子还利用商人便利身份，多次为红军挺进师从外地购入红军急需的棉布等物资。挺进师联络人员常化装成茶贩到其茶叶经营点借宿、联络、传递信息，绍察也因此涉事，不慎被捕。其在狱中被捆双手拇指，悬于梁上吊打，后经李姓族亲协助营救出监，因在狱中受折磨过度，出狱仅一个月就去世，年仅38岁。

民国至中华人民共和国成立初期，淡竹洋石鼓岚宕顶吴氏家族几代人均从事茶叶种植、加工。其中吴盛串（1881—1958），从事生炒青、平阳黄汤茶加工，挑往平阳一带出售。其后，同族后裔明杰、明眼、守文、守界叔侄等开始从事红茶加工，亦有加工平阳黄汤。明眼（1926—1991）创设吴礼兴茶号，产品远销福州（陆路挑干茶贩售）；近往泰顺、桥墩、雅中一带。鼎盛时期，吴家曾聘用一名茶师（相当于现代评茶师），协助制茶，给加工后的茶叶定级、制定售价等。

再看，福鼎市档案馆藏1941年3月一份《福鼎市茶叶厂家花名册》，文中罗列几十家有名有姓的福鼎茶行、茶号，其中就有"商号：林春生号。经理：林炳南。时年：52岁。资本金额：1200元。公司行号（公司地址）：叠石"的记载，可见叠石村也出过一定规模的茶叶商家。

1984年6月出版的《福鼎县地名录》，注明茭洋大队（相当于今叠石乡茭洋行政村）下有"茶园"自然村。一个地名的形成绝非一朝一夕的事，可见，茭洋村很早就有人从事茶事活动，而且应该是有较大面积的种植，才形成这样的地名。

1995年7月中国统计出版社出版、卢宜忠主编的《福鼎县志》，第二章"茶叶生产"载："无性系品种还有：牛角茶，磻溪、白琳大茶，老产区有黄岗的紫芽早'乌龙'，白琳翠郊、湾头、墓楼一带的'歪尾桃'和叠石楼下的'楼下早'，还有60年代后期单株繁育的'银片''翠岗早'等。"可见，叠石乡历史上不但各村都产茶，而且还有较为有影响力的茶树品种。

清代、民国直至中华人民共和国成立初期的福鼎茶叶生产活动，随国内外时局变换，起起落落，叠石乡的茶叶生产也有起有伏。

现据掌握的资料，按时间顺序，对中华人民共和国成立后叠石乡茶叶生产的管理活动略加整理，以备后人参阅、补充。

1966年农作物实际产量统计表（只统计集体经营部分）显示的茶园面积，南溪人民公社18个生产大队，其中，南溪大队1350亩，浮柳大队140亩，竹洋大队1927亩，茭洋大队810亩，里湾大队290亩。合计实有茶园面积4517亩，采摘面积3978亩，新植面积279亩。

1969年4月3日，南溪公社成立玉石茶业站革命领导小组，由简成恩（暂时为主负责）、张祖香等三位同志（暂缺一名）组成。（69鼎南革字第15号）

1969年9月9日，福鼎县外贸局革委会编制《福鼎县1969年度茶叶采购分公社分春过扒后落实定定案表》（过扒，指除去容器后净重）显示，南溪公社1969年过扒后茶叶收购1251.32担，金额191370元。其中，春茶750.98担，金额125162元；夏茶318.60担，金额44785元；秋茶181.74担，金额21423元。

1971年12月20日，南溪人民公社茶叶综合场报表显示，玉石服务部有1户1人，仓边茶场有10户31人，苏山茶场有1户13人。综合场有水田31亩，农地21亩；发电厂1个，碾米厂1个；种植有早稻、单季稻、地瓜、大豆、油茶籽、烟叶、芋头、马铃薯、瓜类、茶叶等作物。仓边茶场还种有杉木200株、马尾松3000株，养水牛1头；苏山茶场养黄牛3头。综合场1972年1月5日报表显示产出大米1583市担。

1972年南溪公社供销社茶站编制的《南溪公社茶叶采购产值统计表》（1972年4月5日至7月31日）显示，13个大队（包括玉石、竹阳、茭阳、南溪、里湾、楼下、苏山、车头、丹峰、仓边、库口、苏山茶场、坑下茶场），收购茶叶1763.03担，金额285008.73元，均价161.66元。

1973年11月，南溪公社上山下乡知识青年领导小组的一份"关于上山下乡工作情况表"显示，苏山茶场负责人：潘国修。

1974年福鼎县南溪公社革命委员会〔74〕南革字第12号文《关于发展茶叶生产计划的初步意见》显示，公社有茶场，7个大队有茶业专业队，4个大队有茶叶初制厂。文中提出根据全国茶叶会议精神和县下达公社任务是"到1980年茶叶产量5000担"。同时，对各大队1980年进行任务分配：茭洋大队千担以上；玉石、竹洋、楼下、南溪、苏山500担以上；苍边、里湾400担以上；丹峰车头、公社茶场分别一至300担以上。具体要求全社1974、1975两年改造茶园2000亩，新开茶园1500亩，其中高标准茶园占80%以上，自力更生育苗35亩。

1975年4月，福鼎县知青办（福建省福鼎县知识青年上山下乡办公室）批复，同意南溪公社茭洋茶场设点建房，按20名知青建点建房，同时按规定批拨木材12立方米，经费4000元，并要求成立三结合建房领导小组，按时、按量、按质突击完成建房施工。（鼎知乡〔75〕003号）

1981年11月25日，《南溪公社各大队茶叶收购实绩统计表》显示，当年收购

307774斤，金额570917.25元，均价185元；1980年收购284609斤，金额486045元，均价171元。

1982年10月，《南溪公社各大队茶叶收购情况统计表》显示，当年收购2628.98担，金额481164.32元，均价173元；1981年收购3077.74担，金额570917.25元，均价185元。

1983年11月14日，《叠石公社各乡茶叶收购情况统计表》显示，当年收购茶叶2053.16担，金额330023.63元，均价160元。

1984年6月，叠石公社年产茶叶3200多担。（《福鼎县地名录》第49页）1984年10月10日，《叠石区各乡茶叶收购情况统计表》显示，当年收购茶叶1751.58担，金额282641.85元，均价161元。

1987年3月24日，叠石乡成立中共福鼎县叠石茶业站支部委员会。（叠委〔87〕005号）

1989年各乡镇茶园面积与茶叶产量分布表显示，叠石乡茶园总面积6460亩，其中，采摘面积5410亩，产量174吨，产值达114.8万元。（1995年版《福鼎县志》第432页）从报表数据看，叠石的茶叶产量、产值排在全县15个参与排名的单位中的第八九位，属于居中水平。

1991年6月28日，苏山茶叶初制厂与北京市东城区副食品米市基层店联合经营茶叶请示获叠石乡人民政府批准，双方共同成立"京福茶叶经理部"。（鼎叠政字〔1991〕第36号）

1991年7月2日，福鼎县茶业管理局、福鼎县茶叶公司联合行文免去夏友界同志叠石茶业站站长职务。

1991年11月19日，福鼎县茶业管理局〔91〕鼎茶司综字第54号文批复成立叠石茶叶采购站（鼎政〔1991〕综54号文，将原茶站改名为茶叶采购站），为全民所有制企业，自主经营，自负盈亏。以收购、加工、销售茶叶为主营项目，隶属县茶叶公司。原茶业站站房、宿舍及其他集体财产除该乡茶技站合理使用部分外，均归茶叶采购站集体管理使用。原茶站茶园收归采购站集体经营。

1992年5月6日，乡政府批复同意以当地茶叶资源优势，创办福鼎竹阳蜜茶饮料厂。同年11月，企业更名为福鼎县蜜茶饮料厂。（叠政〔1992〕12号）

1992年10月16日，叠石乡人民政府叠政〔1992〕49号文要求，限期苏山茶叶初制厂注销企业法人执照。

1996年10月18日，中共叠石乡第五次人代会工作报告显示，近三年来，乡新增茶园2100亩，垦复改造老茶园1500亩。其后三年的工作目标中，将以南溪、竹洋、

竹洋茶山航拍（蔡勇明 摄）

楼下为中心建立6000亩茶叶基地。

2002年1月，叠石乡人民政府在南溪水库辖区观音堂创办叠石乡观音堂茶果场（又称叠石乡老区茶果场、南溪茶果场），种植密植免耕茶叶120亩（已荒芜40亩）、杨梅2000株、油柰4000株（已荒芜）。该茶果场系1991年由叠石乡投资创办的乡办集体性质经济实体。

2005年2月2日，经乡班子会议议定，鉴于南溪茶果场多年失管，为加强管理，并根据南溪村要求，乡党委、政府为鼓励发展村级集体经济，议定将南溪茶果场划拨给南溪村经营管理。

南往群众修公路

🌱 蔡世某

福鼎叠石乡苍边南往自然村，1994年7月以来，在老党员、村支委陈志桃的牵头发动下，全村群众共集资4万多元，户均500元；投工近万个工日，兴建饮水工程和1.5千米公路。

1993年7月，该村在县农委、自来水厂的扶持下，群众立即集资2700元，凑足工程所需资金，拉起全长1070米的自来水管，使大家的生活用水清洁、方便了。

8月份，饮水工程一结束，他们又纷纷参与公路建设。近几年，村民们眼看附近的乡村都在修公路，尤其是毗邻的汾泰公路拓宽改造，使长期居住在山村一隅的南往人的心里更急、更加迫切地想修通公路，

走向外面的世界，尤其是老支委陈志桃更是急迫，他召开两次村民会议，商议修路。会上人人信心百倍，誓把公路修通。

叠石乡境内公路举办山地自行车爬坡赛（蔡勇明 摄）

如果说别处群众自发修公路不易的话，那么，南往群众自发修公路更可谓百般艰难，令人敬佩。从汾泰公路的隘门宫至南往，路程虽然只有2.5千米，但处于悬崖峭壁之中，石方占75%。这次修路要像当年林县人民开辟太行山，修建"红旗渠"一样，在陡峭的石壁上施工。另一个难度是该路与汾泰线连接，有一段占用浙江土地，为了少赔偿土地和防止石头滚下损坏林木，施工不敢下面挖采，只能侧身打石挖土，转身或倒退搬石运土。尽管施工这么难，但急于修路的南往人，毫不退却，越干越勇。没有资金购买施工器材，他们自己集资，而且陆续集3次，最多者1500元，最少者350元，共42000元。为抢修公路，在家的劳动力齐上阵（除农忙之外），无论是数九寒天，还是阴雨连绵，他们都早出晚归，天天奋战在工地上。功夫不负有心人，终于修起1.5千米的路坯。

（本文写于1995年5月4日）

叠石乡交通概述

> 蔡勇明

叠石乡是闽浙两省交界的山区乡镇，历史上由于战争及开采银矿需要，很早就修建"官道"和"民路"。按专业说法，由国家和各级政府负责的，是为驿路（包括站路）和铺路，称之为"官路"。而由民间士绅、商人，或当地官员自行捐助筹款修筑的运道，称之为"民路"。据《福鼎县交通志》记载："【陆路支路】浙江雅中支路 出城西，经柯岭、浮柳、菇岭头、南溪岭、荚阳、毛牌岭，与浙江省泰顺县雅中路相接，计25千米。"（1991年版《福鼎市交通志》第53页）但事实上，叠石乡五代十国时期闽王王审知在叠石村修筑有叠石关，北宋神宗熙宁年间官方在竹洋村银硐，明代在马尾村、荚洋村地区都曾开采过银矿（玉林场），甚至设立过督办采银的衙署（竹洋官衙）。由于军队驻防、矿石运输等需要，此地也一定在相应的地点修筑过当时的"官道"。比如前文提及的所谓"陆路支路"，闽浙两省民间称之为"桐山大道"，应该就是当时的官道。

除了陆上通道，叠石乡水运也是十分发达的。桐山溪发源于浙江省泰顺县雅阳，至溪头入福鼎境内，流经库口、何坑、透埕、高滩、桐山等地，注入桐山港，是市境内最大河流，主河道长43.4千米，流域面积352.6平方千米，其中，在市内的流程长32.3千米，流域面积193.3平方千米，20世纪70年代在其上游兴建了南溪水库，总库容6700万立方米，控制流域面积164平方千米，占桐山溪总流域面积的46%。

桐山溪在古时，河面宽阔，水深可行舟。桐山港的海水在大潮时可沿河道上涨至上游5千米外的山满村。桐山溪上游的山区乡村和闽浙交界泰顺县雅中等地，出产的木材、毛竹等土特产品，多由竹排运到县城桐山销售，或顺流放排至桐山港的盐仓、龙船宫埠头，转销县外。

日月推移，沧桑变易，桐山溪的河床不断升高，河道变窄日浅，运输困难。尤其南溪水库建成后，溪水流量迅速减少，河道上岩石裸露，现仅剩高滩至上坪园一段约300米的河道还有竹排运输。因此，历史上的桐山溪航道，也应是叠石乡重要的水道。库口境内的龙埠自然村，就是当年的一处水运码头。

现就历代志书、地方文献、民间谱牒中涉及的叠石乡相关内河、陆上交通、设施做个初步梳理,可供有识之士做进一步研究。

内河航运

乡村渡口 南溪水库渡口,位于福鼎西北南溪水库内。1983年南溪水库建成后,为方便周围村庄村民生产出行,在库区沿岸设置渡口12个。大小渡口埠头(阳头渡、岭脚渡、牛屎墩渡、三井面渡、观音堂渡、桔子湾渡、垟畔溪渡、石竹坑渡、坑里渡、大坪山渡、后里湾渡、里楼渡)分布在水库周围的各个村庄,航程最长的达4千米。有12匹机动渡船3艘,小舢板11艘,固定渡工20人。水库设有渡船管理站,日客流量达700人次。如今,随着水库周边库区移民的迁移、住在地人口减少等原因,有些渡口行将废弃、消失。

内河运输 南溪水库1982年6月建成后,年均货运量0.7万吨,其中库区银硐开采的硫铁矿石,每年运出0.3万吨。

内河航道 桐山溪航道。桐山溪发源于浙江省泰顺县雅阳乡,至溪头村入福鼎县境,经库口、透埕、山满、高滩、上坪园注入桐山港,福鼎境内流程32.3千米,流域面积193.6平方千米。桐山港的海水大潮时可涨至上游5千米的山满村。北宋时,雅阳一带竹、木及土产品可由竹排运达桐山或盐仓、龙船埠头。后因河床淤积,运输受阻。南溪水库建成后,水量减少,仅上坪园至高滩段300米可通竹排。

陆路交通

于叠石乡而言,陆路交通就是境内的陆路通道(包括古道以及近现代的民路、公路)及其配套设施(路亭、碇埠、关隘)。叠石乡古道情况请参看拙作《闽浙古道拾遗》。以下补充一些彼文未涉及的陆路交通情况。

桐山大道 桐山大道习惯指自泰顺县城始,出县城后东南行,经察溪、上洪、洪岭头、大安、三魁、碇步头、墩头、吴家墩(以上均为浙江省境内)、排岭(亦作牌岭,闽浙两省交界),进入福鼎县叠石乡境内茭阳村,然后是南岭头、过南溪、上菇岭、下浮柳,达柯岭,最后抵桐山,全程80千米。按传统计算为16铺。这条大道在古代闽浙两省间有多重要,1948年5月浙江省泰顺县雅洋乡第九保住民给当时的福鼎县的一封"投诉举报信"中是这样描述的:"窃福鼎县南溪孤岭高长十余里,为闽属寿宁、福安,浙属泰顺、平阳四邑交通要道,崇山峻岭……"简而言之,在没有高速公路的过往,此道即是闽浙两省的"高速公路"。

关隘

叠石关　清顾祖禹《读史方舆纪要》记载："《泰顺县志》云：州东北有叠石关与分水关，俱闽王所置，以备吴越。"

大洋关隘　位于叠石乡叠石村，依山而建，南北走向，由花岗岩石块砌成。墙体残长50米，高5米，厚1.9米，面积100平方米。于两山间山凹处设一关门。

牌岭隘　即排岭隘，地处闽浙两省交界的叠石茭阳村境内。民国福鼎名人卓剑舟在其《民国福鼎县志》中有"茭阳山，岩石如盖，天雨飞瀑百丈，晴则散丝如雾，山之岭同牌岭，其巅有隘曰牌岭隘，亦以界闽浙也"的记载。至今牌岭山上仍留有排岭亭（已坍圮）和排岭隘残墙遗迹。

路亭

排岭亭　据记载，排岭亭原横梁上曾有墨迹，记载北边是"泰邑八都牙阳信士季国增喜助银十两"，南边是"排邑十八都茭洋信士何廷胜喜助银十两"。何姓在茭阳是望姓；季国增是浙江泰顺雅阳塔头底村人，为塔头底季氏始迁祖的曾孙。推断亭的建造年代应在清乾隆年间。此亭是象征闽浙友好的一个实物，如今塌圮，实在可惜。推测季氏在两省交界处盖亭原因有三：其一，季氏在浙南闽北间算是大族，财富在雅阳当属首屈一指，捐钱盖亭子是力所能及的事；其二，排岭亭与雅阳只是一山之隔，语言风俗一致，婚娶来往视如当地；其三，排岭属桐山大道的要冲，且是福建进入浙江的最后一站，盖亭对季氏族人及乡亲有好处。

蛟峰亭　茭阳《何氏族谱》记载，何氏先祖紫庭公率何本荣等何氏族人于戊申年（1848）秋，建成神宫（泗洲佛宫）并蛟峰亭，便利行人。

坪路下亭　位处杨梅溪坪路下自然村，现已塌圮。据现存亭碑记载，此亭原名建安亭，兴建于清同治五年（1866）。

半岭亭　清同治八年（1869）十月十七日，叠石王氏后裔祖美、德嵩、德健、德姜同合族人重建马尾半岭亭。

福泰桥亭　清光绪元年（1875），石鼓岚吴斯然牵头出资倡修马尾溪坪福泰桥，并在桥畔建亭，光绪三年（1877）年春竣工。

碇步

溪坪碇步　位于桐城乡溪坪溪，福泰桥下首19米处。建于清光绪三十一年（1905）前，东西走向，长约80米，计131齿，为福鼎现存最长的碇步。该碇步在福泰桥建成之前，为福鼎与泰顺两县群众来往主要通道之一。（笔者注：民国年间，溪坪地区归叠石乡境内古岚保管辖；此碇步与叠石乡关联甚大，叠石乡马尾村吴姓族人多次参与修建、重建，故而列入）

双溪口碇步　清道光十九年（1839）、二十二年（1842）、同治十三年（1874），叠石库口双溪口自然村碇步桥几建几废。苏山贡生张仲龄曾出资兴修。

近现代乡村道路桥梁一览表

桥梁名称	坐落地点	长（米）	宽（米）	高（米）	数孔	结构	倡建人	修建年月	备注
会甲溪桥	会甲溪	40	1.5		7	混凝土平板桥			政府拨款0.3万元
双溪口桥	仓边村	50	4		1	石拱桥		1985年	国家补助2.5万元，自筹1.75万元
库口桥	库口村	90	5		9	混凝土拱桥		1979年	
铁塘坑桥	铁塘坑村	20	3	10	1	石拱桥	当地群众	1986年10月	

乡村大道（拖拉机道）

起讫地点	里程（千米）	途经乡村	路基宽度（米）	建造时间（开工）	竣工时间（年月）
库口—大坪尾	1.3	库口、大坪尾	6.5	1976.2	1976.12
管丘—楼下	1.7	管丘、楼下	4.5	1988.3	
牛栏头—深丘	1.2	牛栏头、深丘	4.5	1987.10	
库口—沙场	3	库口、沙场	4.5	1984.1	1984.12
五斗丘—长坪	2.7	五斗丘、长坪	4.5	1987.10	

乡村公路

普后—叠石公路　从国道104线桐城乡的普后处分线，至叠石乡与温秦公路相接，全长27千米，桥梁5座，途经贯岭乡的透埕、排头村，叠石乡的库口、楼下、竹阳，沟通了西北山区与县城的联系。该公路于1970年5月动工，1975年6月竣工，为"民工建勤"形式修建。符合山岭重丘区四级公路技术标准，1976年通客车。

1995年起，由于泰汾公路改线，普玉线来往车流加大，道路压力大。叠石乡境内普玉线段公路曾举办多轮自行车爬坡赛。2015年赛事骤增，又多年历经台风暴雨、乡财有限等因素，叠石乡多次向县政府要求拨款改造普玉线。历多番申请，普玉线（桩号：K0+000～K14+550）于1999年8月起动工进行油路改造，工程起点为国道104线K2020+200处，终于库口，路线全长14.55千米，路基宽4.5—5.5米，路面宽3.5—4.5米。工程经招投标由福鼎市交通工程管理站等单位负责施工，完成沥青路面5.49万平方米，完成投资192.9万元。工程于1999年11月全面完工。验收最终得分71.5分，质量评为合格。12月2日，工程由交通局组织有关部门进行交工验收。12月18日起，公路交由福鼎市交通局管理养护，并交由沿线乡镇负责日常养护。

后普玉线（今称双晏线，叠石乡内段系其一段，起山前街道双屿村，经灰窑、普后、水北村，入贯岭透埕、排头，再经叠石乡库口村，终叠石乡竹洋村）进行水泥硬化，

马尾溪与金盾溪在库口形成清浊两股奇特交汇的流水景观（蔡勇明 摄）

总长度36.157千米。为四级、单车道公路，路基宽6.5米，路面宽5.5米，设计车速20千米。2012年8月1日，交通局组织对X971线道路改造工程进行核验，其中，山前段3.7千米，贯岭段7.61千米，叠石段15.7千米，三乡镇合计线路长27.02千米。

龙山—南水环行公路　从县城西龙山大桥起，经柯岭至南溪水库，再由南水经二级站至龙山大桥，全长34.2千米。龙山大桥至南溪水库路段，长18.2千米，桥梁2座，工程总造价130.26万元，于1973年修建，原属南溪水库施工专用公路。该路途经柯岭、浮柳、菇岭、青龙、五斗、马槽等村，以"民工建勤"和"民办公助"形式修建，当年施工，当年通车。县交通局于1983年进行整修，1985年12月又再次拨专款对不符合标准的路段进行改造，现已符合山岭重丘区四级公路技术标准，通行客车。南溪水库至龙山大桥路段长16千米，途经岭头村；县二级电站，于1973年元月动工，1974年12月竣工。1984年，交通部门拨款1.2万元整修后，路基宽4.5—6.5米，路面宽3.5米，符合山岭重丘区四级公路技术标准。

后环南溪段线路（今称浮庙线，叠石乡境内系其一段，起桐城浮柳，经桐城岔门，叠石乡南溪、岭脚、茭洋村、庙边村）也进行水泥硬化，其中浮庙线总长度27.114千米，为四级、单车道公路，路基宽4.5米，路面宽3.5米，设计车速20千米。

2008年5月23日至25日，福鼎市交通局组织对农村公路建设2008年第三批项目岔门至南溪公路水泥混凝土路面工程进行验收。该段起于岔门村，终点南溪村，线路全长9.7千米，设计路基宽4.5米，水泥混凝土路面宽4.5米。工程由村委会组织建设，本期工程实际造价160万元。工程于2008年1月动工，2008年5月全面完工。

部分通村公路硬化工程

老鸭潭至仓边公路　该线路起点于X971的老鸭潭，终点于仓边村，线路全长4.9千米，设计路基宽4.5米，水泥混凝土路面宽4.5米。2008年5月验收为一期工程，建设里程长3千米。由村委会组织建设，工程实际造价120万元。工程于2007年11月动工，在上级有关部门的大力支持下，经建设、施工单位的共同努力，于2008年5月全面完工。

五里牌至苏山公路　该线路起点于浙江58省道的五里牌村，终点于苏山村，线路全长7.5千米，设计路基宽4.5米，水泥混凝土路面宽4.5米，2008年7月验收为一期工程，建设里程长4千米。工程由村委会组织建设，实际造价180万元。于2008年2月动工，在上级有关部门的大力支持下，经建设、施工单位的共同努力，于2008年6月全面完工。

乡村等外公路一览表

起讫地点	里程（千米）	途经乡村	路基宽度（米）	投资金额（万元）	建造时间（开工）	竣工时间（年月）
五里牌－苏山	5	泰顺县五里牌、叠石乡苏山水库	4.5	自建	1977	1977
库口－苏山	4	叠石乡库口、苏山水库	4.5	自建	1977.1	1977.12
富洋－仓边	5	泰顺县富洋村、叠石乡仓边村	4.5	自建	1978.1	1978.12
竹阳－银硐	4	叠石乡竹洋、银硐	4.5—6.5	1.5		

古代乡村桥梁

福泰桥　又名溪坪桥，位于桐城乡溪坪村溪坪溪上。东西走向，桥长85米，宽2.2米，高2.2米，24墩25孔。桥上游10米处立有9根石柱，以保护桥梁在山洪通过时不被大宗物件冲击。该桥建于清光绪三十一年（1905）仲秋，1954年县人民政府重修。古为福鼎至泰顺之重要孔道。

石鼓岚《宕顶吴氏族谱》记载，清光绪元年（1875），石鼓岚吴斯然牵头出资倡修马尾溪坪福泰桥，并在桥畔建亭，光绪三年（1877）春竣工。桥设24墩25孔，为

绿化、靓化改造后的普玉线一景（蔡勇明 摄）

当时福鼎至泰顺重要孔道。清光绪乙巳年（1905），吴氏后裔吴斯画与侄子吴钦节、吴钦龙一起再次重修马尾溪坪福泰桥，至1927年，吴钦节又捐资重修水毁的福泰桥，便利乡民。

双溪口碇步桥 位于叠石乡双溪口村双溪上。南北走向，全长20米，其中，碇步10米15齿，桥长10米，宽1.4米，高2米，2墩3孔。该碇步桥于1963年，由当地群众集资3000元修建。

永安桥、惠济桥 据《重修永安桥碑》（现存福鼎玉塘城堡夏氏宗祠）载，永安桥位处今叠石乡南溪村水库淹没区（据调查，大致位置在今天竹洋村属官衙自然村对面水下位置），原系夏李坤、贡生张永炳等为"首事"（牵头人），集鼎太两邑（福建福鼎、浙江泰顺两地）力量，倡修于道光二十四年（1844），工程耗资较大。咸丰三年（1853），毁于洪水，后又重修，于咸丰十一年（1861）立碑纪念。

另一建桥碑刻（现亦存福鼎玉塘城堡夏氏宗祠）载，1925年，南溪乡南溪保（今叠石乡南溪村）属永安、惠济两石桥被洪水冲激坍塌。1927年移址于大路溪滩重新建造。1929年冬，工程告竣。1930年，立碑将捐资人名，勒石纪念。

1940年3月，永安、惠济两石桥遭洪水冲毁。

另据民国《福鼎县志》残卷"义行传"载："夏桂英，字梦兰。南溪人，庠生。

父李坤,尝建永安桥于南溪村。桂英踵其后,更建惠济桥于其里。近桥有地曰'起凤岚',为鼎泰行人必经之路,岩险而迳窄,下有潭,深不可测,过其地者辄有倾跌之危。光绪甲午(1894),桂英倡捐多金,护以石栏二十余丈。"

现代公路桥梁

库口桥　位于乡村公路普玉线13千米+970米处,为石台钢筋混凝土双曲拱桥。桥长80米,净宽4.5米。1973年初由县交通局建造,1973年竣工。总投资8.8万元。

南溪水库人工湖

该湖位于福鼎城关西北方向18千米处,1974年开始建造,1982年6月竣工。南溪水库为福建省中型水库之一,是福鼎县最大人工湖泊。

南溪水库人工湖,山清水秀,景色宜人,双曲大坝高耸两山之间,溢洪直下,瀑布飞虹,蔚然壮观,碧水丹山,孤岛停舟,游鱼上下,风景迷离。水库内除有13个渡口的渡船外,还配置供游人游览的旅游艇。库区上游有浙江泰顺县雅阳承天的火热溪,是一天然氡泉,其表露水温59℃,是很有医疗价值的温泉。游客多在游览水库之后,登临氡泉招待所,一涤旅途辛劳,兴味无穷。

福鼎城关至南溪水库已建有公路,到水库游览可直接从城关乘车前往。

雾中的南溪水库全览(蔡勇明 摄)

叠石乡卫生简况

蔡勇明

叠石乡卫生资料极度缺乏，特别是中华人民共和国成立前的资料，经多方查找，比对档案史料及参阅《福鼎卫生志》，也仅有零星片段文字收获，且无法对相关人员进行一一走访核对，只能将这些材料及线索整理后，做个列表式的概述，努力勾勒出叠石乡卫生大概的历史脉络。

1943年5月12日，南溪乡乡长朱学通致电福鼎县政府，通报南溪乡属茭洋、南溪两保"日来时疫流行，病类麻豆，实则发斑，有或鼻孔出血，性若疯癫，患之者，不治而死，为数颇多，因地处乡僻，延医购剂均感万难"，要求县里"饬派干医，携带救急药品，赳日来乡施诊"。

1946年，南溪乡流行疫疾，多犯儿童，罹病每未竟日即死。

1953年11月，库口中西医联合诊所成立。

1963年，库口有几个中医师比较有名气，他们的民间单验秘方（治疗验方）收录当时福鼎县中医研究所、县医药卫生学会与桐山公社组织编撰的《锦方集》一书。其中，库口公社医院中医李敏栋用川朴、茯苓、姜、苏叶、红枣、连召、半夏配伍治疗胃痛20例，取得较好效果，其用炮姜、当归首、川芎治疗咽炎也有经验；库口公社医院中医李固松对中药治疗小儿麻疹并发肺炎有经验，记载其曾用山叶青头、鸡蛋、黄土治疗11个病号，取得痊愈记录；库口医院中药药剂员林桂毓对治疗血崩、猫哮有经验，记载其曾用炒侧柏叶、生地、茜草根、酒芍炒蒲黄、当归、炒香附、炒地榆等配伍治疗好10例血崩患者，其用全衣、连台、银花、大力、川贝、木通、炙杷叶、枝子、生地、麦冬、元参、吉梗、葛根、羌蚕、白糖等配伍治疗猫哮，治疗35例，效果达70%以上。

1965年4月12日，中共桐山区委以除害灭病领导小组通报形式通报南溪、库口、仓边预防注射工作，头尾6日超额完成任务。其中，南溪保健院医务人员林挺医生带头五昼夜完成2465名注射任务；库口公社保健院李敏栋医生带头苦战六昼夜分五个片实现提前结束任务；仓边公社七昼夜提前完成注射任务。

1966年12月22日，南溪保健站花名册显示，当时站中有药剂员苏芳招（原名敏之），时年58岁；夏肇华，中药剂员，时年27岁；金国政（原名金维新，曾用名金石昌），医生，时年60岁。金国政简历显示，其1956年参加南溪中医联合诊所，1958年曾参加玉石保健室，1962年参加南溪保健院，职务均为医生。

1968年8月，南溪公社保健院成立（叠石卫生院前身），建院人数4人，房屋面积56平方米。1972年前，院址位于南溪，称南溪公社保健院。南溪水库建成后，保健院迁址叠石村。

1968年9月，纪元忠分配福鼎县南溪公社卫生院任医师。12月，陈维娟（福安卫校毕业）分配南溪公社保健院工作。

1969年1月，吴玉兰（福安卫校毕业）分配南溪保健院工作，任护士。

1969年3月26日，福安专区革委会批复，按〔68〕专革生计第213号文下达基建计划。据了解，福鼎南溪保健院、柘荣东源、黄柏保健院均做了动工准备，为工程不中断，经研究核定南溪保健院投资2万元，东源保健院0.91万元，黄柏保健院0.84万元。（〔69〕专革生计组字第031号）

1969年4月25日，成立南溪人民公社保健院革命领导小组，由郑天璋、赵可荣、唐怀、蓝俊鲍、金光厚等五位同志组成，由郑天璋任组长，金光厚任副组长。（〔69〕鼎南革字第022号）

1969年8月22日，南溪人民公社爱国卫生运动领导小组成立，由陈绍胆、郑天璋、郑炳儒、谢余芳、金光厚等五位同志组成，由陈绍胆为组长、郑天璋为副组长。（〔69〕鼎南革字第040号）

1969年12月29日，为基建工程扫尾结标投产，追加拨款，给南溪保健院追加指标666.95元。（〔69〕鼎革生计字第455号）

1970年5月，龚咸心安排南溪公社保健院任西医医生。

1970年，南溪公社荧洋大队29个生产队创办合作医疗，连续几年百分之百的社员（四类分子除外）都参加合作医疗。至1974年6月，南溪公社竹洋、南溪、刘下（今楼下）、仓边、丹峰等七个大队（当时南溪辖11个大队，另一个材料缺）实现合作医疗，全社赤脚医生发展至14人。（〔74〕鼎南卫字第15号）

1971年3月，周剑影（福安卫校毕业）调入南溪保健院任医士。

1972年全市公社卫生院一份"床位、人员规划意见书"资料表明，南溪公社卫生院总编制核定15名，行政工勤人员2名（其中财会1名）；医务人员13名，分别是防疫卫生1名、内科1名、中医1名、X光1名、化验1名、外科1名、妇产科助产士2名、手术室1名、麻醉1名、中西药剂1名、护士2名。按南溪公社当时人口1.8万人，初步规划其床位为10床。第二步规划其床位增至25床，编制增至28名（行政工勤4名，医务人员24名）。当年意见书还强调提倡编制较少的公社卫生院人员要互相兼职，如化验兼药房、外科妇产科互相配合、医务人员兼财会，不求分科太细，要求一专多能，互相配合开展工作。

1972年3月，江振双落实为南溪保健院全民医务人员，工资从第二季度列入预算指标。

1972年7月，南溪人民公社保健院王锡庚（医务人员，负责门诊兼药剂）抽调玉石大队筹办合作医疗工作。

1972年10月25日，南溪公社革委会同意吸收王国贤参加玉石合作医疗站。（〔72〕南革字第013号）吸收孙顺栋参加库口大队合作医疗站。（〔72〕南革字第014号）

1972年11月，南溪公社卫生院夏丽华（集体职工，任出纳）转正定级。（〔72〕鼎革卫政字第033号）

林春桃（1948—2013），1969年2月上山下乡插队福鼎南溪公社叠石大队。1971年5月赴福建医科大学医学系学习，1974年7月加入中国共产党，同年8月毕业后分配福鼎南溪卫生院工作；1976年任南溪卫生院副院长。

1973年11月，福建省福鼎县革命委员会卫生局以〔73〕鼎革卫政字第049号文，批复同意王德奕、王国贤、简云英到南溪公社卫生院安排工作。

1976年，县卫生局在巽城举办赤脚医生、老中医、老草药医、老药工代表参加的"中草药剂型改革学习班"，经交流，县医院、南溪卫生院与其他卫生院共同选出的8个剂型、71个制剂品种被提供于各医疗单位用于临床，继续进行验证。

1977年3月，县卫生局选送南溪卫生院一名中医人员到福建医科大学参加针灸师资培训班，学习4个月。

1977年9月，王文斌毕业分配福鼎县南溪公社卫生院任医生。

1979年4月，南溪公社开展"地甲病"普查。

1979年6月，"南溪公社赤脚医生情况登记表"显示，当时玉石站（王如壁、王小玲、王念锡），苏山站（张月玲、张荣泉、张月宛），车头站（陈诗坦、唐秀贞），仓边站（郑兰花、王阿莲），丹峰站（李美丽、林型锚、林圣铭），库口站（陈丽华、孙顺栋、林香、林阿莲），楼下站（黄月英、陈上锡），马尾分站（王念通），竹洋站（陈上照、洪叶敬、林金娥），南溪站（余美娇、何翠沛），茭洋站（李秀玉、谢世华），里湾站（朱梅花、李永年），杨梅溪站（钟昌福）为各站赤脚医生和医生、中医等职务。

1979年8月28日，"民兵登记表"显示，当时南溪公社卫生院有兰升慧（医师）、上官慎言（防疫组组长）、何朝山、郑天璋（院长）、王锡庚（中医）、唐怀（医士）、陈杨为（中医）、陈兰娇（出纳）、简云英（助产）、陈光妮（助产）、林静芳（化验）、何祥廷（中医）、王梦如（中药剂）等人员。

1980年2月7日，成立南溪公社卫生院工会委员会，何朝山任主席（鼎工8号）

1980年2月7日，福鼎县总工会批复成立南溪公社卫生院工会委员会，由何朝山、郑天璋、唐怀、上官慎言、陈光妮（女）等五位同志为工会委员会委员，何朝山任工会主席，郑天璋、唐怀任副主席。（鼎工〔80〕08号）

1980年6月23日，成立南溪卫生院党支部，郑天璋任书记。（鼎委组83号）

1982年，库口大队医疗站被省卫生厅评为"先进医疗站"。

1985年，叠石卫生院被评为县"文明先进单位"。

1985年8月，叠石卫生院王仁山、王梦如、何祥廷、金国政、何朝烈获福建省人民政府授予"从事中医药工作三十年荣誉证书"。

1987年，茭洋村卫生所被评为省卫生厅"文明卫生所"。

1988年7月，叠石卫生院王锡庚晋升主治中医师。

1990年，库口村卫生所被评为"文明卫生所"。

至1990年，叠石卫生院房屋占地面积1.2亩，房屋面积1100平方米，病床数10床，在职人数19人，卫技人员数17人，计有中医师1人、医师2人、中药师1人、医士1人、助产士1人、其他技士1人、其他中医2人、员级8人。年门诊人数达7493人次，日平均门诊人数21人，年住院人次63人，放射透视人数666人次，三大常规496，计生四术644。

叠石卫生院截至1990年历任院长为郑天璋、兰升慧（代）、石维奇、唐怀，副院长林春桃（女）、兰升慧、薛颜翔。

2015年，叠石卫生院业务综合楼项目动工，当年底完成一层施工，完成投资80万元。项目总投资220万元，建筑面积950平方米，2016年10月工程竣工投入使用。

畲医畲药情况：福鼎畲医对专科专病的医治，多有独到之处，且疗效显著，涌现出许多知名的畲医。如福鼎南溪七代传人、擅长治疗妇产科疾病的雷李梅。他们皆因医技独到誉贯闽浙边界。

叠石乡教育简史

✎ 蔡勇明

福鼎叠石乡于中华人民共和国成立之前的教育史档案，乡中并未发现多少现存材料可供参考。《福鼎教育志》中涉及叠石教育部分，亦只有为数不多的文字。福鼎市档案馆馆藏民国叠石教育史档案比较丰富，而且参校《福鼎教育志》《福鼎文史资料》和民国《福鼎县志》残稿等，发现档案多处与1999年版福鼎市教育委员会编《福鼎教育志》不一致，如该书第18页载"南溪乡叠石、章峰……秀岭乡库口国民校创办"，而市档案馆档案明确记载，1938年库口短期小学校、1940年茭阳保茭阳国民学校等均已存在。故本文撰写时，本着"档案资料有的，以档案资料为先、为准；档案资料无，从《福鼎教育志》记载"的编纂原则，梳理叠石乡教育简史如下，希望尽可能真实反映叠石教育历史情况。又因能力有限等，错漏在所难免，欢迎读者朋友、有识之士批评指正。

民国时期

民国时期，叠石乡现有行政村分属南溪、秀岭两乡，后（1943）秀岭乡分立为贯岭、库口两乡；1948年4月，档案又见今库口村、仓边村、车头村、丹峰村划入秀岭乡辖。民国时期的叠石乡辖教育机构主要有南溪保、茭洋保、竹洋保、小章保、库口保、叠石保等国民学校。

光绪三十一年（1905），设立县治小学校。时科举已停，遂将桐山书院改为学校，并移其膏火田租充作校费。所有城乡各小学递年兴设。

1924年，巽城、南溪、翠岙初级国民学校相继创办。

1935年8月，福鼎县教育科接省厅通知，普及义务教育，各区乡除原设小学外，并推行短期小学教育，师资在当地招收中等程度青年，授予短期训练。次年春，国民党县政府，把结业学员，分配到各区乡40所创办短期小学。林德铭为南溪乡短期小学校长。

1936年春，省教育厅在福州开办中心民校师资训练班。福鼎选送高定芳、张之焕二人前往学习3个月回鼎后，高定芳派往茭洋乡任民校校长。

1. 竹洋保办学情况

1945年3月28日，竹洋国民学校校长何祥滔致呈县政府请示："该校前面遵照指令，已经保长陈上贤派工砍伐制造椅器之需材料，现在是修理板壁及制造桌椅所须木匠工资应列何项经费开支。"

1945年4月1日，校长何祥滔再次致呈县政府请示："竹洋国民学校址系设在神庙内，四壁破坏不堪及学童桌椅亦欠有。前经批准修造，但申请经费呈文多日，未见明示，无法兴工起建。学校开学在即，因未修理，只好暂移民房教学，请求批示材料工资如何筹划。"

1945年10月1日，"福鼎县竹洋国民校卅四年度设备费分配表"（岁出经常门临时部分）显示，学校设备费总额为500元，国旗250元，旗杆、旗绳250元。

1946年1月份"生津加成补领清册"显示，校长何祥滔，月薪55元，已领6000元，未领加成额数为3万元。

2. 库口保办学情况

1938年5月28日，福鼎县第一区县立库口短期小学校校长萧克彪，向当时福鼎县长陈廷桢呈文称，距离学校五里外何坑地方有适龄儿童60多名，但因道路较远且因桐山溪影响（略有微雨，溪水即时满上，常有小孩遇水灾之危险），不能来校。乡保长和地方士绅要求设立河坑分校。后（7月1日）经派员调查，批复将河坑适龄儿童学生名册报到七星井短小校去。

1940年9月6日发文称，9月1日起要求县立库口国民学校设立，仰即更改学校名称（根据1949年文件判断，应是将短期小学更名为县立库口国民学校），委任校长由王永新变更为郑义麟，要求其克日进驻，办理移交，筹办开学事务。

1940年10月1日，福鼎县库口国民学校郑义麟呈送"1940年度经常费分配预算表"，"薪给费"显示，库口国民学校校长郑义麟，薪俸为270元/年（1—3月为16元/月，4月为22元，5—12月为25元/月），"教员薪"为243元/年（1—3月为13元/月，4月为20元，5—12月为23元/月）。学校全年预算为708元（包括薪给、办公费、购置费三项）。

1941年预算表显示，库口国民学校本年经常费增为792元，校长年薪300元/年（月薪25元），教员年薪276元/年（月薪23元）。

1943年8月，库口国民学校新任校长夏鹗，卸任校长施永和；10月12日，库口国民学校新任校长郑淑安，卸任校长夏鹗（调往照澜保国民校任校长）。

1944年5月，库口国民学校新任校长复为夏鹗。从学校预算表判断，从当年2月

福鼎县立库口国民学校 1940 年度经常费分配预算表

科目					月份预算数			备考
					1月1日起至12月31日			
名称	款	项	目	节	全年预算数	1—3月份 每月数	4月份 当月数	5—12月份 每个月
国民学校经常费	1				708.00	40.00	60.00	66.00
薪给		1			513.00	29.00	42.00	
薪给费			1		513.00	29.00	42.00	
校长薪				1	270.00	16.00	22.00	25.00
教员薪				2	243.00	13.00	20.00	23.00
办公费		2			195.00	2.00	18.00	
文具			1		37.50	2.00	3.50	
纸张笔墨				1	27.00	1.50	2.50	
簿籍杂品				2	10.50	0.50	1.00	
邮电			2		2.40	0.20	0.20	
邮电费				1	2.40	0.20	0.20	
消耗			3		96.90	6.50	8.60	
灯火				1	90.00	6.00	8.00	
茶水				2	6.90	0.50	0.60	
杂支			4		8.70	8.70	0.70	
杂支				1	8.70	8.70	0.70	
购置费		3	5		49.50	1.50	1.85	
器具				1	17.70	1.00	1.80	
器具				1	17.70	0.50	1.80	
图书			2		31.80	1.00	3.20	
图书				1	31.80	1.00	3.20	
合计					708.00	40.00	60.00	

机关长官 库口国民学校校长郑义麟　　　　主办会计人员 黄鼎崧

起学校无教员,仅余校长一人,学校设初小1班,不设高小,给薪237元。

1946年,库口国民学校校长卓廷淦,本校员役生活补助费为235200.00元,校长薪月支65元,教员薪月支55元。

1947年,校长卓廷淦薪额为70元,学校年度经常费分配预算数为14930.00元。

1948年2月,库口国民学校新任校长黄品政,校长定薪75元。

3. 茭阳保办学情况

1940年5月,南溪乡茭阳保茭阳国民学校,校长林德铭,月薪25元,教员兼主办会计夏品春,月薪23元;当年9月"经常费分配预算表"显示,学校全年预算数708元,薪给费513元,办公费145元,设备费49.5元;同年11月18日,校长林德铭具文县政府,反映学校宫租佃农林守塔、何朝精等因水稻先后受灾,请求准予"减少交纳"。

1941年1月7日,茭阳国民学校校长林德铭呈送县政府的"年度经常费分配预算表""职员俸薪清册"显示,学校全年预算数为792元,薪给费576元,办公费156元,设备费60元。时任校长林德铭月薪25元,教员林崇23元。

1941年9月,校长林崇具文向县府反映该校教员何朝元"家境窭贫",因"非常时期,百物昂贵,已达极点,尤以粮食为甚","学校垫支"战时生活津贴费,确已无力负担,"请求政府"除按月发放薪俸(25元/月)外,按月提前按月发给,"以维生命"。

1942年7月,荥阳保国民学校"年度经常费分配预算表""职员俸薪清册"显示,学校全年预算数为1340元,薪给费800元,办公费540元。时任校长林崇,月薪34元;教员叶渊深,月薪35元。同年9月"职员俸薪清册"显示,荥阳国民学校,校长林崇,月薪44元,教员添至2名,教员蔡世敏兼主办会计,月薪40元,教员陈志澄,月薪43元。

1943年5月1日,荥阳国民学校校长何朝元致呈县政府,反映前任校长林崇未将学校各种教具、基金等移接,经其屡次催追始终置之不理,担心校务受影响,请求县长王道纯协助解决。经调查,系林崇(依据"经费未领之校可将基金暂作移用"之规定)将已出卖之基金代价移作生意之用,至今货物未售未便移出之故,故而有意延误。县长批示"查案严饬过"。后两者于1944年1月16日移交清楚学校基金(干谷、国币)、经管财产。

1945年1月24日,荥阳保国民校校长蔡世敏致呈县政府,要求协助办理与前任校长的移交手续。后经多次查证,是林崇任校长时向县政府领得开办费400元添造的教具,没有移交,政府限其造册移交新任校长蔡世敏,逾期将派警拘坐催追。当年4月20日,蔡世敏因体检合格,准备于26日,奉令从军,呈文报告将学校财物移交教员何朝锭(按后文,应未成行)。当年5月17日,蔡世敏具文呈报县政府,怀疑林崇、何朝元两位前任校长经收基金租额实收数有误,要求县政府协助清算。经清算,何朝元有漏移交李阿员等佃户经收租谷,后经卢升记商号(福鼎北门渔牙)卢德仁具保于年终前悉数还清欠缴租谷(赋谷基金)。

1945年9月,时任荥阳国民学校校长蔡世敏向县府申报添置布"国旗"一面,预算经费500元。

1946年3月31日,荥阳国民学校校长蔡世敏向县府呈报"年度经常费分配预算表","职员俸薪清册"显示,学校全年预算数为6840元,薪给费1320元,办公费1920元,油火费3600元。其中,校长年薪780元(月俸65元),教员年薪540元(月俸45元)。同年5月,时任校长蔡世敏根据县府发出的催领"应领未领经临各费"文,呈报"福鼎县荥阳保国民学校卅五年一至三月份未领经临费清册"显示,1—3月办公及油火费为每月510元,薪俸费每月110元,生津及加成1月份1300元,2月份11300元,3月份11300元。

1947年2月28日,荥阳国民学校时任校长何朝锭向县府呈报"年度经常费分配预算表"，"职员俸薪清册"显示，1月、2月，学校全年预算数为2125元，薪给费885元，办公费13300元（其中，文具6300元，邮电300元，消耗6000元，什支400元，油火费300元），校长薪额70元/月。

1948年4月9日，"荚阳保国校年度生活补助费分配额度表"显示，校长何朝锭，本校生活补助费加成为7920000元，生活补助费为6000000元，薪俸加成为1920000元。"福鼎县荚阳保国校卅七年度经常费分配预算表"显示，本校年度经常费为275960元，办公费275000元（每月25000×11个月，此项只预算11个月），薪给费960元（每月80元×12个月）

4. 古林保办学情况

1942年9月，南溪乡古林保创设古林国校。1942年9月4日，福鼎县立荚阳国民校校长林崇向时任县长邓宗海呈请核备"陈志澄为该校古林分班教员"（8月28日到差）。同年11月，校长林崇向县长申请开设古林分班费用预算"法币400元"。

1944年8月，古林保国民学校校长周钜向县长陈廷祯呈文称，自1943年2月到任起,学校经费多是通过向当地人家借贷，候薪水收入付还，但1943年年底赴领经费时，出现欠薪，导致借贷之户追讨。自己到校收集基金干谷150斤，准备出粜抵债600元（每百斤干谷400元）。原设想以薪水领取换干谷垫还债务，结果谷价蒸蒸日上，导致反欠1000多元，请求以600元款抵谷数，批准以薪水照除清债。县长批示"照准"。后经调查，于1945年4月24日，佃农出具证明、保长何朝而等具保，核销债务。

1945年3月19日，古林国民学校校长董建中向县长王道纯呈文称，古林国校校舍系设于包氏废宅中，年久失修，坍塌不堪，为安全起见，要求于1943年度本校基金租项下变价拨付修缮费用15000元，以资修葺。同年9月，古林国民校校长董建中呈文要求核销国旗添置制作经费500元，经批准予以报销。

1945年11月，古林国民校校长董建中呈文，要求县政府协助处理前校长何朝元移交不清问题（校内所有一切教具、图书、文卷等，职均未详）。县府批示："饬警察局派警着保严限清缴。"

1946年11月4日"公私立小学办理社会教育统计报告表"显示，当年第一学期，校长夏守成。"教员名册"显示，夏守成当时年龄21岁，籍贯：福鼎，担任学科有国语、常识、算术、体育、音美。到校日期7月，略历"福鼎县初级中学简易科毕业，前在巽城中心校，服务教员半年"。当时古林国民校有学生27名，男生15名（6岁2名、7岁4名、8岁4名、9岁2名、10岁1名、11岁1名、12岁1名），女生12名（7岁2名、8岁2名、9岁8名）。古林国民学校当时属于四年制（另一种为六年制）。报表还显示，当时教员是党员（国民党籍），月薪级别在61—70元档。

1947年3月6日,古林国民学校向县府呈报的"年度经常费分配预算表"显示,时任校长夏守成。

5. 南溪保办学情况

1941年5月16日,时任福鼎县立南溪国民学校校长的夏品春,就农忙、茶忙时节,成人学生班及学龄儿童班无法足员、按时正常开班上课问题,专门致呈县政府:"值此茶忙农忙之际,成人学生每日均是劳力若干;轻微工作悉赖诸童年男女辅助,以致各班学(原文缺)。"

1941年6月3日,福鼎县立南溪国民学校校长夏品春呈文称,经南溪乡公所乡长李梦霖以破除迷信为词,召开地方人士开会,联合该乡公正人士夏泽民、夏明时、何登琢、金瑞宜、夏玉修等数人协商通过,呈请当时县政府核准,在冬收时,准予学校变卖大帝庙公租14担(约可得款1000元,用以购买木料,利用募工),以资充修建校舍之用。

1942年6月,南溪国民学校校长卓廷淦。

1942年6月15日,根据当时县政府要求各乡汇报已设应设学校及增设学校计划表式及省颁一览表、学校分布图,秀岭乡乡长张思光制订了增校计划、绘制乡校分布图表,南溪乡乡长张瑗制订了计划表。

福鼎县桐山镇中心学校辅导区(1942)本乡应增设学校计划表

(1942年6月15日,秀岭乡长张思光 编)

乡(镇)别	增设学校计划				
	桐山镇	秀岭乡		南溪乡	
乡保别	柯岭保	乐仪保	透埕保	南溪	淡竹
学校种数	国民学校	中心学校	国民学校	中心学校	国民学校
设校村名	柯岭村	贯岭村	透埕村	南溪村	淡竹洋村
校舍地址	杨府爷宫	阳中杨府爷宫	王氏宗祠	乡公所后神宫	水尾神宫或陈氏宗祠
所在地人口总数	五百余人	七百人	五百余人	六百余人	五百余人
备考	该地如设校即南溪乡之浮柳阳与玉塘乡之山门附近住民亦可来学				

福鼎县南溪乡三十一(1942)年设校计划表

(1942年7月,南溪乡长张瑗 编)

乡(镇)别	南溪乡公所		
增设学校计划	南溪乡	竹洋保	小章保
学校种数	中心校	国民校	国民校

(续表)

乡（镇）别	南溪乡公所		
设校村名	南溪村	淡竹洋村	小章外洋村
校舍地址	原校舍甚窄，不敷中心校应用	临水宫改修，足敷应用	马仙宫改修
所在地人口总数	841	955	876
备考	南溪村人口虽少而为各村聚焦之地，校舍仍要新建	（应改修）	南溪国民校改为中心校，原有国民校移设小章保

1943年3月，新任南溪中心学校校长李慕韩上任，办理交接手续时，遇到代理校长朱学通（时任南溪乡乡长）讲，前两任校长卓廷淦、张琴均未办理财物移交手续，故此，他无从办理移交。因开学在即，要求县里解决。县长批示"限期办理移交手续"。

1945年6月21日，福鼎县南溪乡中心国民学校校长夏世华，联合乡辖叠石保国民学校校长林崇、竹洋保国民学校校长何祥滔、古林保国民学校校长董建中、茭阳保国民学校校长蔡世敏、小章保国民学校校长李普明等共同呈文，向县政府要求，饬令刚卸任的南溪乡长施从伟迅速变卖南溪造产所得成果，并将50%划归教育经费，以维持教育（文中还称，由于南溪乡乡财枯竭，每校筹得的基金不足以维持，以致教师生活补助费有的被拖欠一两学期，有的拖欠三四学期不等，造成教师日常生活无法维持。前一年南溪造产成果117担，教育占其中的50%，经查已由各保长收集，保管条存施从伟处）。县政府先批复要求施按《福建省各县乡镇长交代暂行办法》漏夜赶办，限在六月底以前，移接清楚，会报呈核。后又因其"迄不遵办"，再限定其在7月15日以内，移接清楚，会报呈核，否则派警甲坐追，毋再违延为要。

6. 小章保（今里湾秀章）办学情况

1942年7月28日，南溪乡小章保保长李启鉢、里湾保保长夏启灶等人联合呈文具保，要求政府同意将小章保师范毕业生李普明调入小章保为教师，并在小章第八甲马仙宫设立两保联合的国民学校，以满足当时国民政府的一保一校的要求。文末附当时小章保人口数为845人，里湾保人口数为935人。并且指出，小章保距离里湾保为两里，里湾保最远地方与小章相距8里。

1945年5月1日，福鼎县小章保国民学校校长李普明向县政府要求拨付办学经费，县长王道纯批示按标准（中心校500元/学期，国民校250元/学期）要求校方编制预算表以备核拨经费。

1946年9月25日，因时任小章国民校校长张庆云，被时任县长王道纯批示扣发其一个月工资（王认为其"久不到差，本应免职，考虑其办学有成绩，扣一个月薪，示惩"）。

1947年，小章国民校年度经费预算显示，校长月薪70元。

7. 叠石保办学情况

1940年8月，叠石国民学校"年度经费分配预算表"及"五月份教职员俸薪清册"显示，本校经常费总额为708元，分三项：薪给费513元（其中校长年薪270元，教员243元），办公费145.5元，购置费49.5元。校长汪潘昭月薪25元，教员蔡思敖月薪23元。

1941年1月，叠石国民学校"年度经费分配预算表"及"教职员俸薪清册"显示，本校经常费总额为792元，分三项：薪给费576元（其中校长年薪300元，教员276元），办公费156元，设备费60元。校长夏品春月薪25元，教员王仁仲月薪23元。

1942年1月，从"福鼎叠石保国民学校三十一年上半年人事经费结余报告表"判断，王仁仲，1942年1月1日到差；庄辉琳，1月2日到差；3月份教师职员变更为王仁仲、夏世华；8月份教职员变更为王仁仲、周钜。"年度经费分配预算表"及"五月份教职员俸薪清册"显示，本校经常费总额为1425元，分二项：薪给费885元（其中校长年薪450元，教员435元），办公费540元。校长王仁仲月薪44元，教员周钜月薪40元。

1942年9月4日，福鼎县立叠石保国民学校校长王仁仲向时任县长邓宗海呈请核备"周钜为该校教员"（8月24日到差）。1942年10月31日，叠石保王桂文、王名情、王乃润、王名训、王振会等向时任县长邓宗海联名密报南溪乡叠石保国民校校长王仁仲，"滥竽赖俸，敷衍误公"（未办成人班，造假替充领俸）。当年11月15日，资料显示，校长王仁仲确有编报"福鼎县叠石保国民学校开班费预算书"，列明预算200元。邓批复"因王仁仲办学不力，将其降为透埕国民校教员（后经其求情，改调南溪中心校任教员，立功补过），将叠石国民校教员周钜升为校长"。

1944年3月12日，叠石国民校校长周钜呈文县政府："本校上年7月起，未领经费，拟以基金项下移挪干谷300市斤，按当地时价发粜，以抵前垫。"

1944年5月，叠石国民校校长林崇呈报"本校三十二年度下学期经常费分配预算表"显示，经常费1154元，薪给费699元（校长1月份给薪49元，2月份55元，3月份起82元；教员1月份给薪45元），办公费455元。

1945年10月14日，叠石国民学校校长林崇向县府呈文，要求茭阳国民校校长蔡世敏派民夫前来叠石搬运以前领到用开办费添置的公文橱1张、办公桌2张、闹钟1架、竹椅4张等物件，要求茭阳校新校长蔡世敏前来叠石"搬运清楚，以便会报，诚为公便"。

1946年3月14日，"年度临时费分配预算表"显示，福鼎县叠石保国民学校校长苏步蟾，月薪60元。教员生活补助费117600元，其中，1—2月份为每月9800元；

3月份"生津及加成清册"显示，当月校长苏步蟾薪俸为60元；生津为8000元，加成为1800元；5月份，"叠石国民学校三十五年度经常费分配预算表"显示，经常费5040元，薪给费720元（校长薪720元），办公费4320元。

1947年，"叠石国民学校三十五年度经常费分配预算表"显示，经常费1284元，薪给费720元（校长薪720元），办公费4320元。3月份报表显示，时任校长林崇。

1947年至1948年，在畲族聚居的桥亭、南溪……瑞云等村办有私塾，在学儿童计186人。

1949年后

1952年南溪乡（包括小章、坑里、南溪三个行政村，小章行政村准备划归新设里湾乡）财政工作报告显示，南溪乡内有公办民助学校一所、民办一所，未报县备案。经费由村筹给，教员两人。

1965年6—9月，茭阳创办茶业中学，实行半工半读，1966年停办。

1980年6月23日，成立南溪学区党支部，杜其发任书记。

1984年6月，叠石公社有小学69所（附设初中班4班），在校中小学生3170人，教师194人。

1985年4月，叠石中心小学附设初中班分校，改称独立初级中学。

1985年11月，福鼎县叠石乡茭阳小学教师雷华安被授予"全国边陲优秀儿女"奖章。

1993年8月，茭阳小学附设初中创办。

1995年，省测绘局为建叠石乡茭阳小学献资11万元。地区交通局捐资40万元助建叠石初中。

1996年，宁德地区驻榕办捐献15.2万元助建叠石初中。

1997年，香港同胞沈炳麟先生（浙江湖州人），1990—1997年间先后累积捐资81万元，资助修建澳腰、桥亭、果洋、东岐、沈青小学和叠石初中"同庆""恩美"教学楼。

1997年秋起，叠石初中改为福鼎市第十三中学（当时福鼎市规定改名标准：初中班数达12个，学生数达500人的中学）。

张家粮的"家风"轶事

蔡勇明

张家粮,字在玺,福鼎十八都(今福鼎叠石乡)人,清道光年间乡耆张兴庭子,生于清嘉庆二十三年(1818),卒于咸丰十年(1860)。清道光十九年(1839)、道光二十二年(1842),在其母鼓励下,费尽艰辛,牵头集资,两度修筑闽浙两省重要通道上的一座古桥。咸丰元年(1851),乡荐中式贡元(岁贡)。后其继父业,从商有成,于苏山村旗杆里修筑贡生府。

苏山张氏系中华张氏第八十七世张道陵派支。始祖张应春公,于明万历年间从建宁府迁徙至福鼎桐山企岭街,又于明天启三年(1623)移居叠石乡苏山。至今传18世,现有人口近1500人。清道、咸、同三朝,贡生张钟龄生活的前后短短几十年,张姓

双溪口碇步桥(蔡勇明 摄)

"家""政""庆"字辈三代儿孙中,密集出现7位国学生、一位贡生、一名军功仕宦者。

闽浙两省交界的叠石乡,植被丰富、山高水长,没有重工业污染。她还是福鼎城区饮用水涵养地,所以,这里处处风景优美、景色宜人。历史上闽越王时期由于闽王王审知戍边运兵和北宋时开采白银、运输矿石的需要,辟有多条闽浙间通道。和平时,这些通道起着沟通两地先民、互通有无的作用。至今乡中仍留存着大量的原汁原味的古道。在叠石乡库口村与苏山村交界的双溪口自然村古道上,有一碇步桥,系古代福建省福鼎市叠石乡库口村、丹峰村、苏山村、苍边村与临省浙江泰顺县五里牌村、玉塔村等周边闽浙两省几村先民重要的往来通道。

慈母砥砺　两度筑桥

清道光二十年(1842)所立《双溪口碇步碑记》记载:"鼎之十八都(今叠石乡境内)有双溪口焉,近有碇步碨磊……己亥岁(1839)余尝捐银壹佰两复携君子赵成壁……"读碑记前半段,情况大致是,双溪上旧有碇步一座,后来被山洪冲毁,道光年间苏山贡生张钟龄(1818—1861)捐银百两,集资修建一拱桥,不久,又被大洪水冲毁。1842年,张贡生在其母激励下,重新牵头集资又重修碇步桥。

得出结论的时候,往往可以三言两语粗略带过,但张贡生两度牵头修桥其前后的故事可没这么简单!继续通读古碑:"本春,家居之闲,适母问余:'双溪口之桥既毁,遂如斯而已乎。'余即应曰:'男有心,苦无同志。'母曰:'为人当时行方便、广积福缘,凡吾力可为则为之不必求助于人。夫桥梁虽足壮观,而碇步尤可利涉,汝宜仍设(□)以成母志也。'余谨遵母命不惜冗费,遂择日鸠工。"

贡生张钟龄在初次修桥不久,旋即被一场大洪水冲毁了,料想他当时肯定也想到作为牵头人,在一个穷乡僻壤的偏远山村中,踽踽独行、奔走倡导捐资修桥的艰辛,而且集资过程也一定艰辛无比,还可能应者甚寡,不然不会有下文的"苦无同志"语,由此在其母问其再次修桥的意愿时,他萌生退意、打了退堂鼓。这里有一个细节。按张贡生的年谱,张钟龄首次捐资倡导修桥时年方21岁(清道光十九年,己亥年),是刚过弱冠之年,用现代眼光看,还只是一个刚成年的乡村懵懂青年。他的母亲、吴姓老妇人,这时候是怎么鼓励他儿子的?她问:"双溪口碇步桥被大洪水冲毁,难道你想就那样放弃吗?""做人应当时常给别人予方便,广积福缘,凡是自己力量可以做到的,尽量不要麻烦别人"。后面她训诫儿子的话,更显示这位母亲的人生智慧、人生经验:"你以前倡修的拱桥,虽然好看、壮观,但是山区地方,洪水多发,修个碇步,也是利于行走的啊!"在母亲激励、启发下,贡生张钟龄再次振作,牵头集资,耗费大量工时，终于重新在双溪口修成另一座碇步桥。

　　双溪口碇步另有两通古碑，系清代同治年间所立，碑名《重建仙福桥记》。通读二碑，得知在张贡生二次倡修双溪口碇步后不久，碇步桥又被大水冲毁了。清同治甲戌年（1874）春，以当地监生张鹤龄为首事的热心人又重新修建了一座石桥，并撰碑立记。从现存碇步及现代交通志看来，仙福桥后来也是不保。

揭秘两联　贡府家风

　　叠石乡苏山村有一个叫旗杆里的地方，远处山岭连绵，绿意葱茏，风景如屏，村中古木参天，阡陌田畴，流水潺潺。在这诗意般的村庄中间，有一片被树木掩映的老屋，它就是建成于清咸丰初年的贡生府第，当地人俗称张氏老厝。古民居规模虽不及白琳翠郊吴氏古民居，但做工精细，厅柱径周三尺，柱顶横梁斗拱、雕琢精美雅致，不可多见。其柱磉石一色磨光青石，一并运自浙江青田，正厅磉石雕镂文房四宝花饰，磉根镂饰莲花六瓣；做工精细、梁雕窗饰雅致程度均超翠郊古民居，颇具文物和观赏价值。

　　"人游舜天尧日里，家在廉泉让水间"。这是镌刻在贡生府门前的一副隶书石刻对联。初品联意，像是一介书生对活在太平盛世里的歌咏，但贡生府门前右侧的旗杆碑座上的时间铭文，明确告诉我们，府第主人生活的年代可不是什么承平的盛世，铭文落款"咸丰元年（1851）九月"。什么概念，稍稍比对时间轴，看几个时间节点：1850年，太平天国运动席卷中国半壁江山；1856年，第二次鸦片战争爆发，中国签订不平等条约；1860年，英法联军火烧圆明园……内忧外患下，皇帝都在苦挨日子，百姓焉有活得痛快之理？所以，应是联文掩饰了真实的社会背景。旗杆基座左侧的落款"贡生张钟龄立"，明确传递了另一个信息，贡生府的建造者与两度修造双溪口碇步桥的张钟龄系同一个书生。张氏后人传说，书生张钟龄，是清道光年间乡耆张兴庭儿子，继父业，从商有成，资财颇丰，于咸丰元年（1851）乡荐中式贡元（岁贡）后在苏山村狮头山麓修筑贡生府。府第精仿温州张阁老宅第样式建造，前厅后进、两庑横廊，四面交井、飞檐起凤，周墙严防。

　　张阁老，是温州民间对明朝内阁首辅张璁（1475—1539）的尊称。张璁系浙江温州府永嘉三都普门村人（今温州市龙湾区永中街道普门村）。明嘉靖年间重臣，官至内阁首辅。卒谥文忠，嘉靖皇帝特赐赠太师。在位期间，清廉奉公，以严革贪风、罢撤天下镇守太监、清理勋戚庄田等改革闻名。总之，张璁是明朝大改革的奠基人，为我国历史上继王安石之后、张居正之前的一位改革家。书生张钟龄府第精仿温州张阁老宅第，并留下一副歌咏"太平盛世"的联语。除可以明证其当年经商有成，经济实力不俗外，还应与乱世中，敬佩同宗张璁的清廉、奉公的儒家操守不无关联。张氏通谱中家规第一条就开宗明义："安贫守分，不作非为……"可见，张氏家族中，良好家风传承在书生张钟龄的脑海中留下深深的烙印。有了上面的理解。我们再追寻书生张钟龄一生中的另外一件事，就很好理解：贡生张钟龄在其父母亡故后，于苏山梅花丘，取穴安葬。整个墓室颇为雅致，墓室上下青白石、三合土混构，占地面积150平方米；墓室之上祭桌、香亭及左右围屏，均以青石雕磨、树石柱拱梁并饰以飞檐瓦顶。鲜为人知的，贡生张钟龄自身墓室仅是一个"草墓"（福鼎本地方言"土穴坟茔"之意），没有任何奢华的地方。细究原因，族人均道，张贡生生性简朴，乐善好施、铺路架桥，终生不事奢华。再翻阅张氏通谱中的族规：为人者处世莫大于存善心；为人者当务者为修身；子孙职业、耕读为先……读到这些，我们就可以理解为何"钦命讲起居注詹事府少詹事提督福建全省学政"李嘉端会为一个僻远的穷山村中的贡生府迎客厅题写"举扬"（褒举表扬之意）二字的匾额；张钟龄之子张政嶓后被清廷授予五品军功，清末江苏南通状元张謇还曾亲书匾额赠送。

苏山张氏宗祠始建于清道光八年（1828），正是贡生张钟龄生活的年代。另有一联，也值得为读者介绍。联曰："让让让让人积德，忍忍忍忍气求才。"我向当地人打听得知，当年张姓先祖与林、庄、黄三姓争讼，均以忍让，得以和解，故有感留此联语，意在告勉后世儿孙"谦恭忍让"。从此联语，再联系贡生张钟龄母亲吴氏的谆谆教导，可以看出，清代道光、咸丰、同治年间，贡生张钟龄生活的前后短短几十年，张姓"家""政""庆"字辈三代儿孙中，密集出现7位国学生、一位贡生、一名军功仕宦者，应该是与张氏家族敦谦崇文、乐善好施的家风教育，关系甚大。

古迹寻访

叠石关访古

蔡勇明

最早了解叠石，应是从李贤等撰的《明一统志》中一段话开始的："叠石关，在福鼎县廉江里，顾景范《方舆纪要》：'叠石、分水二关，俱闽王时制，以备吴越。'"当时读到此处，心里就有一种感觉，叠石的历史还真是久远，而且和王审知有牵连，心中不免温情洋溢。

生活中的事情，有时真是很巧，2006年我到叠石乡工作，猛然想起那一段话，因为工作关系经常下村，工作之余又陆续听到村干部谈起叠石的一些往事，比对志书，方才弄懂叠石的一些历史细微。

叠石关，位于闽浙边界，距离福鼎市区44千米。志书云，关旁有二块巨石重叠，故名。雄关险隘，群峰列峙，有公路穿过关口通达泰顺，是福鼎入泰顺的咽喉。历代都置有兵营驻守。

福建文史大家王铁藩曾亲临福鼎分水关、叠石关，对叠石关记忆尤深，在《王审知谱志汇编》中留下一段文字：

《读史方舆纪要》书影

叠石关残墙（蔡勇明 摄）

叠石关与浙江泰顺县东南界接，入关九十里至福鼎县城，出关八十里至泰顺县城。《方舆纪要》云："叠石与分水二关，俱闽王所置，以备吴越。"我曾亲睹过二关之地，关岭险峻而曲蜒，砌石而上。特别叠石关更为伟岭，羊肠曲径，涧壑千丈，旁崖砌石成道，因叠巨石成关隘，故名"叠石"，今遗迹犹存。

　　这段文字不但记载了叠石关及其周边的原始风貌，而且点明了叠石地名的由来。福鼎在五代十国时期，因是闽国东北屏障，在战略上具有重要地位。因此，从那时起就开始在沿驿道和交通要口设立关隘，并与站铺、燧火（烟墩）相辅，传递消息，防敌报警。此间，为御吴越入侵，闽王敕令当时长溪县，在北路与浙江平阳、泰顺交界处等地构筑分水、叠石等关隘。清《福宁府志》将之标注为叠石汛。成书于光绪年间的《分疆录》地舆全图中将叠石关标示为塔石隘。成书于清末的《福建内地府州县总图》将之标为叠石关。

　　1956年，分泰公路（福鼎分水关至泰顺城关）动工建设后，叠石关所在位置的城墙被扒开一个豁口，古城墙自此各分东西，留下两段土石混合夯筑的残墙。据说，20世纪80年代初，右侧部分城墙石块又被拆走一大部分，用于茶园改造，紧接着城墙右侧附近山体又被开山取石，如今留下的关墙面目全非，只有在公路左侧叠石乡内部分还留有不足百米的残墙以及公路右侧泰顺境内一小段残墙。

　　叠石关所在位置距离叠石乡政府约2千米，与浙江泰顺交界，群峦环抱，水秀山清，素有世外桃源之誉，民国福鼎县长王道纯到此赞叹不已，写下"四山忽敞桃源地，一水潆洄玉石巅。携鹤几人曾到此，数来今日尚无先"的诗句。

　　在叠石村古官道旁、王氏宗祠前，距离叠石关残墙直线距离仅几千米的地方，还发现一座留有二层夯筑土墙的废墟。如今屋叠石冬雪顶没有了，墙也在近几年多次台风袭击中倒塌大半，但还有一面墙仍坚强地挺立着。我认为应是古代驿站或与叠石关相关联的古建筑残址。经访问当地年龄较大的村民，得知遗址在他们小时候记忆里至少有三层，房屋当时提供路上行人住宿，其使用的门杠也特别粗大，我料想，这种构件应不是普通百姓家中用物。查阅地方史料，也部分证实我的推断。《福鼎文史资料》第7期，周绶《福鼎古道路梗概》中关于"通往外省县的省际道路"有这样一段文字：

　　桐山—柯岭—浮柳—菰岭头—南岭头—茭洋—叠石—牌岭—牙洋（今雅中浙江省泰顺县界），计50华里（约合25千米）。

叠石冬雪（蔡勇明 摄）

《福建内地府州县总图》福鼎县图中对叠石，除了标注出叠石关外，还标示出一个叠石隘塘。我猜想，这座废墟，以前就应是发挥这种功能的房子了。即使在叠石关废弃的后期，叠石村所在的这个地点，至少应该是一个古驿站，最起码它是重要的供商旅行人、贩夫走卒们换马歇脚的所在。由于文字和文献记载的缺失，更深入的考证就留给专业人士吧！

（经当地文史工作者与叠石乡政府多年共同努力，2020年11月19日，闽政文〔2020〕207号公布《福建省第十批省级文物保护单位名单及保护范围》，叠石乡"叠石关隘"入选古建筑保护名录）

叠石古银硐

🌿 蔡勇明

福鼎市叠石乡竹洋村银硐自然村,有一个北宋年间留下的古银硐遗址。村中至今留有民谚一则,俗称"三锅三财",曰:"三级阶台,无叶树下,谁能得之,三覆鼎三棺材。"怀着强烈的好奇心,2011年5月初的一天,我约了几位村干部当向导,带上简单装备,从村部出发,往会甲溪峡谷方向车行约10分钟,抵达银硐自然村,再向谷底方向步行

古银硐洞口(蔡勇明 摄)

一小段就到达目的地。我靠近洞口,顿觉有股凉气逼来,不禁打了个寒噤。仔细看,洞外廊较高有3米左右,但入口较低,仅容一人通过。戴好头盔,打开头灯,猫腰探身而入,眼睛适应了洞内环境后,再走一段,发现洞里真是别有洞天!洞里有的地方被开挖成两三人高,有的地方却还得弯腰通行;有些地方宽敞,有些地方只可容下一人侧身而行;有些地方大洞套小洞,支洞通旁洞。跟紧带头领路的,行进过程中,头盔几次碰到洞壁蹭出嘎嘎声。手电筒和头灯光线晃过洞壁,不时发现亮晶晶矿石的反光。我还看见有几处洞壁呈倒圆锥形窟窿,不知是否古代银矿石脉被开采后留下的痕迹。

继续走十来米,突然听到洞中发出一阵阵低沉的嗡嗡声,有经验的老村干告诉我们,是洞中蝙蝠发出的声音,说着大伙都用手电筒、头灯齐往声音发出方向照去,光线聚处,只见无数只蝙蝠。这些黑夜精灵,有的在飞,有的倒挂在洞穴顶部、壁上栖息,一遇惊动,转动头部,抖动双耳,发出鸣叫。由于我们一行人的干扰,蝙蝠越发飞得乱,有几只还向着我们站立的地方擦身飞过。想必年代久远,外来因素干扰较少,生存环境适宜,古银硐内蝙蝠繁育很多,以至于洞中堆积的蝙蝠粪很厚,双脚踏踩在这种地

面，特别松软。再行几十米，村干部用手电筒向前方照了照，我看到前方不远处有一汪类积水，他们告诉我，由于地下水浸漫，前方矿洞已淹没，不能通行了，大家只好悻悻折返。快到出口处，村干部提醒我留意洞壁上一些用红漆标注的阿拉伯数字以及几处整齐的凿痕，我想，这应是历次省地质队勘测坐标参数之类的记号和矿物标本取样留下的痕迹了。出洞口后顺便看了下古矿洞周边的环境，发现上述古矿洞均处在会甲溪大峡谷半山腰，洞旁遍布古人炼矿留下的残渣和开采矿洞留下的石渣。

探访古银硐（蔡勇明 摄）

古银硐内现状（蔡勇明 摄）

回家后翻阅福鼎相关志书，发现记载寥寥。2003年版《福鼎县志》"大事记"中记载："熙宁五年（1072）在玉林（今银硐）银场开采银矿，设监官；熙宁六年，产银578市两、铅9180市斤；熙宁七年，产银1376市两。""金属矿"条目中有"全县已探明储量的金属矿主要为叠石银硐的银多金属矿，位于福鼎城区西北约18千米的叠石乡银硐自然村。矿产产于中石炭统的硅质灰岩中，属矽卡岩热液交代型，矿体呈层式、透镜状"的记载。而"叠石乡"条目只有这么几句："据史志资料记载，早在北宋年间，便有人在此开采银矿，称玉林银场。北宋熙宁五至七年（1072—1074），在银场设监官。现有矿场遗址多处，最深的矿洞达300米。"

后在翻阅记载泰顺历史的志书时发现，清光绪《分疆录》中对福鼎市古银硐有一段更详尽的叙述："古银坑洞，在牙阳（今泰顺雅阳，与福鼎叠石乡接壤）水口外火热溪（浙江省泰顺县承天氡泉泉眼所在溪，下游在福鼎境内，今称会甲溪）旁。石壁洞凡十余，有平入者，有上升者，有下降旁通者，深不可测。道光初，里人于洞中得古刀二，想系前人避乱所遗。欧朝扬《古刀吟》：'牙阳山下多奇石，石洞长留古矿迹……'"原著按："此坑在明时四坑之外，未悉开于何时。矿洞以此为最古，洞外大石磨尚存；下流半里许深潭中，有银胚大如斗，每秋冬，霁日掩映，色如黄金，精光夺目。"上述古银坑洞，即今福鼎叠石银洞。

《分疆录》号称泰顺建县500多年最完整的古志书，对叠石古银洞都有过详细的记载，可惜福鼎市志书修撰时对此事只字未曾引用，不能不说是个憾事。

2013年底，在会甲溪流域叠石乡茭阳村王海（又称望海）自然村内发生一起小火灾，不久需往实地察看时，由于山路崎岖且路途较远，有当地村干部建议，可以抄近路，经南溪水库从水路前往，渡船行至竹洋官衙码头渡口至三井面渡口段时猛然发现一段百米范围的水位线上，出露有多处联排的洞口，洞口口径均较大，且均有明显人工烧灼的痕迹。随行村干部告诉我，这附近有多处类似的洞口，只有在南溪水库蓄水少时，水位下降，洞口才会出露，前次踏看的古银硐正是在此地上方不远处。我又想起，竹洋村群众口中流传古银硐有"银硐十三间"之说，但我们现在能看到的古银硐洞口不多之谜得解！原因应是，1983年南溪水库建成蓄水后，水位线升高，淹没了较低水位的古银硐洞口！附近另有几个自然村地名"马槽""官衙"，想必应也与古银矿大有关联，是否可以大胆猜想：南水石竹坑渡口附近地名"马槽"系古银矿矿监官员饮马、系马处；"官衙"系矿监官员办公地或驻地。回家后，再次翻阅志书，又在《福鼎县志》"大事记"中找到："明正统十年（1445），开采黄海、黄社（今称望海，在叠石乡茭阳村）二银坑。正统十四年废。"

之后，又陆续看到志书中的银矿开采及相关记载。《宋史》记载："长溪，望。有玉林银场及盐场。"宋梁克家《三山志》载："玉林场，熙宁间发。六年，收银五百七十八两、铅四千九百五十斤。七年，收银一千三百六十七两、铅

水位下降时出露的古银硐（蔡勇明 摄）

一十万八百四十八斤。置监官。绍兴三年三月停。"明黄仲昭《八闽通志》卷之二十四《食货》载:"玉林场,初输银并铅,后输铜。"

明代宋应星《天工开物》对古银矿开采的记录尤为详细。《天工开物》下卷"五金":"凡土内银苗,或有黄色碎石,或土隙石缝有乱丝形状,此即去矿不远矣。凡成银者曰礁,至碎者曰砂,其面分丫若枝形者曰铀。其外包环石块曰矿……"官办银场由矿场主或商人承包后,首先要寻找矿点。在有银矿的地点,它的上面会出现一堆堆微带褐色的石头,采矿的人要挖土十丈或二十丈才能找到,而这项工程所花费时间不是几天或几个月所能完成的。且银矿还会有纵横分布的支脉,在找到含有银矿的"银苗"后,采矿者还要分成几路横挖寻找。在采掘过程中,为了防止矿洞坍塌,要横放木板支撑洞顶。采矿工人在黑暗、潮湿的洞穴中,点起小灯笼,沿着"银苗"支脉挖掘,一直到取到矿砂为止。矿砂质量高的每斗可以提炼出六七两纯银,中等的可得三四两,最差的有一二两。

明正统八年(1443),官拜刑科给事中的林聪(宁德七都人)耳闻目睹银矿劳动条件恶劣、劳役艰难、课银额重等情况,便上奏《请免宁德县除办银课外别项差办状》,称"缘本县银场,闸办年深……日久坑坎深远,山水泛滥,稍有迟缓,则矿仍旧淹没,无从采取。其出矿之处,幽暗狭窄,虽在白昼,亦须松明点照……加以坑坎陡峻,夫匠人等搬运矿石,不可径出。以横木作梁攀缘而上,劳役艰难,莫甚于此"。他建议"无图银课之利",应"将坑冶封闭,银课免办,与民休息"。但未被朝廷采纳。果然,没过多久,就爆发闽东著名的叶宗留领导的矿工起义。

古林寺考

> 蔡勇明

叠石乡庙边村古林寺,《福鼎宗教志》载,建于公元1200年。清乾隆《福宁府志》载"古林寺,在十八都",但无注明寺院修建年代。当地民间多数人都说古林寺始建于南宋,但亦有少数人说是清代建筑。福鼎多数宋代同期寺院在《三山志》中均有记载,可古林寺在此书中毫无踪迹。难道是传闻有误?

怀着这样的疑虑,笔者屡次实地寻访,结合档案文献搜索,终有所获。古林禅寺大雄宝殿上有一匾额载明:"古林禅寺,南宋绍熙,大檀越张千二公始建并舍施良田,以安寺僧,佛前供奉香灯……"

《三山志》成书于南宋淳熙年间(1174—1189),古林寺匾额上的"绍熙",是南宋光宗赵惇的唯一一个年号,从1190年至1194年,共用了4年半。原来,庙边古林寺是在《三山志》成书后建成,历史就这么擦肩而过了,她没被辑入《三山志》,但幸运的是在其他民间谱牒中存留了记载!

大檀越张千二,泰邑龟岩(今泰顺县三魁)人,据泰顺地方志《分疆录》记载,张氏是唐宋时期外来迁徙泰顺的十八大姓氏之一。近年来声名鹊起的泰顺百家宴,正是源于三魁镇张宅村。张家谱牒记载,张氏先祖在唐末因避战乱迁入泰顺,先祖在世时乐善好施,在福建、江浙一带捐建多处寺院。庙边历史上属闽浙古道必经之地,与泰顺三魁相距不远的古林寺显然是当年张氏的布施结果。

又一则资料表明,古林寺初始建造者是宋代泰顺大安人张懂,其后裔就是泰顺古代大名鼎鼎的编修过两县县志(《沛县志》《泰

古林寺周边参天古树(蔡勇明 摄)

顺县志》）的浙东英豪张庆旸。

张庆旸（1505—1580），字孟暄，号霞川，明代泰顺龟岩人（今泰顺三魁镇张宅村）。他学有渊源，博通文史，以选贡授沛县学训（七品），升鳌山卫武学教授，著有诗文集《东游揽胜集》十余卷，入沛名宦。张庆旸归隐家乡后，建桥以催气运，修谱以记祖德，改祠以安先灵。为地方文化多有贡献。在其归隐时期，福鼎叠石庙边古林寺失火，由他带头捐资重修。后人评价他"笃学能文，志趋不苟"，人称"才步班马（班固、司马迁），文追屈宋（屈原、宋玉）"。

清道光六年（1826），住持僧碧珠同里人董茂怡重修古林寺。1930年，住持僧深经重建古林寺。（民国《福鼎县志》残卷）

1938年4月，古林寺住持僧深经圆寂，檀越张日元（张宝芳银号号东）、施一林联合福泉寺、灵应寺、清溪寺、灵峰寺、昭明寺、泰国寺、庆云寺、北山庵、栖林寺等九大寺院住持，经商议向当时福鼎县长陈廷桢保举栖林寺僧人立权为新任古林寺住持，同时阐明栖林寺与古林寺是一脉相承，历由栖林寺支脉人员承继古林住持之位。结果因寺院调查人员疏忽，栖林寺僧侣户籍资料中没有将立权入册，遭县府否决。事后，栖林寺住持僧立祥又经一番查找，将立权在1930前往慈溪县寺院参学时的丁壮训练证书送达审核，最终，县府要求张日元于7月23日具保结担保，方予认可其去古林寺就任住持。谁想立权24日上任时，又被古林寺立生、立柱、立诗三僧（未持戒之僧）拒之门外，而且三僧还倚仗自己俗家是古林寺檀越后裔，将古林寺产搬之一空，导致立权再次致信陈姓县长，要求派警协助解决。僧立权一波三折的就职经历，至少让我们看到三点：一、古林寺在福鼎佛门中地位尊崇，其住持轮替，要福鼎几乎是全部著名的大寺院住持认可；二、当时的县政府显然也十分重视古林寺，否则，不会因为一个普通寺院住持就位而多次出力相助；三、几位住持的保举信中提到古林寺乃千年古刹（"未忍坐视千年古迹之古林寺无故湮没"）。

但倡建寺院的泰顺檀越张氏与古林寺的渊源、庙边古林寺的传承事迹只能在福鼎典籍无考的情况下，提供了文字依据。说古林寺是座千年禅寺，仍缺乏有力的实物佐证。

机缘垂顾有心人，2020年，我在与厦门大学郑振满老师团队接触时，通过团队成员郑莉老师，经其热心推介，辗转认识厦大对古瓷器鉴定十分在行的刘淼老师，向他发送

古林寺出土宋代执壶（蔡勇明 摄）

了几张古林寺出土的瓷器照片，其中一件瓷器，刘老师初断应是宋代的执壶。

综合以上证据链，足见古林寺法脉清晰，传承有序。现在终于可以很有底气、大声地宣布：叠石乡庙边村的古林寺修建于宋代。

古林寺在其修建后，多灾多难，失过火、挨过盗，屡毁屡修，时光走过千年，已面目全非，根本无力以一个千年古寺的真容示人。如今，经多年努力，世人得以撩开其部分神秘面纱，古林真颜得以展现。禅机深深，接下来，千年古寺会有更多机缘遇见你我吗？让我们诚心礼佛，静待开示。

闽浙古道上的遗存

> 蔡勇明

古道，按邓亦兵《清代前期商品流通的运道》的说法，由国家和各级政府负责的，是驿路（包括站路）和铺路，称之为"官路"；由民间士绅、商人，或当地官员自行捐助筹款修筑的运道，称之为"民路"。"官路"和"民路"构成古时交通网络。

叠石乡境内的古道，就是所谓的"闽浙古道"叠石段（浙江方面称为"桐山古道"）和乡境内的几条通村老"高速公路"。周绶在《福鼎古道路梗概》一文中认为，桐山—柯岭—浮柳—菰岭头—南岭头—茭阳—叠石—牌岭（今亦写为"排岭"）—牙洋（今泰顺雅中界），计25千米，系一条通往外省县的省际道路。但据1991年出版的《福鼎县交通志》更准确的描述应为：桐山—柯岭—浮柳—菰岭头—马槽—南溪—会甲溪—古林—庙边—茭阳—排岭—雅阳埠下村。那么，除前述古道外，叠石

古道老屋（蔡勇明 摄）

乡境内还有通往外界的古道，稍加列举大致还有：

①福鼎西门—苗圃—岙里—半山亭—岭头—黄土峡—林家庄—碗窑—溪坪—马尾—半岭亭—长岗—竹洋—露天湖—半岭—叠石—会甲溪，道路至此分岔，然后一头可通原十八都门寻坑（原为叠石乡管辖，今归泰顺雅阳梅嗅坑）—浙江泰顺雅阳；另一头可通往叠石庙边—茭阳—浙江泰顺。

②水北溪桥—高滩—何坑—鱼仓—库口—双溪口—苏山—五里牌（浙江省泰顺辖）。

往事越千年，隐藏于闽北浙南大山里的叠石古道，历史身影愈行愈远，有些湮没在杂草丛中，有些截断在建设需求中，完整保留着的，

桐山古道界碑（蔡勇明 摄）

已经不多。叠石乡境内的古道被岁月侵蚀得厉害，已不可能像当年那样跨州越府，连贯百千米或者更多。她如今的模样，也逐渐为人淡忘。借整理叠石乡文史档案的机会，得以窥见其中几则小故事，说与大家一起分享。

两座百年古桥

叠石里湾《苏氏族谱》载："苏国禄【锦】，字邦纹，号肃斋，援例捐佐佐郎（查清代官制，无佐佐郎一职，疑为'仕佐郎'之误）……公生乾隆戊戌年五月二十三日（1778），卒道光癸巳年十月二十四日（1833），与国定公捐资同建十八都门寻坑（原叠石乡叠石村境内，今属浙江省泰顺县雅中镇梅嗅坑）石桥一所。"古石桥所处位置，古为福鼎至泰顺一重要通道。2014年9月间，我亲历此处寻访，桥为一单孔石桥，跨度五六米，但桥面已破损半幅。经询当地居民，都说确有此事，且都认定此桥以前通福建会甲溪古道，并回忆有一石碑为证，现今基础尚存。

另一座古桥，现为碇步桥，坐落库口双溪口自然村，系古代福建叠石乡库口、丹峰、苏山、浙江省五里牌几村百姓重要的往来通道。《福鼎县交通志》载："双溪口碇步桥，南北走向，全长20米，其中碇步10米15齿；桥长10米，宽1.4米，高2米，2墩3孔。该碇步桥于1963年，由当地群众集资0.3万元修建。"据此描述，此桥应是一平淡的现代建筑物。果真如此平淡无奇吗？答案是否定的。双溪口碇步桥附近三通古石

碑,道出其中沧桑。清道光二十二年(1842)所立《双溪口碇步碑记》,明确记载:"鼎之十八都(今叠石乡境内)有双溪口焉,近有碇步硪磊……己亥岁(1839)余尝捐银壹佰两复携君子赵成壁……"通读碑记,情况大致是,双溪上旧有碇步一座,后来发洪水冲毁,道光年间苏山贡生张钟龄修建一卷桥,不久,又被大洪水冲毁。1842年,张贡生在其母激励下,重新捐资再修一碇步。另两块古碑为清同治年间所立,碑名《重建仙福桥记》,通读二碑,得知在张贡生最后一次修建双溪口碇步后不久,碇步又被大水冲毁了。同治甲戌春(1874),以当地监生张鹤龄为首事的热心人又重新修建了一座石桥,并撰碑立记。从现存碇步看来,仙福桥后来也是不保。日历翻过百年,细想双溪口碇步的几番兴废,除钦佩张姓贡生等人当年的古道热肠及毅力外,还真是有一种"百年田地转三家"的感叹。

一座古茶亭和一座抗倭关隘

排岭隘,地处闽浙交界的叠石茭阳村境内。《民国福鼎县志残卷》中有"茭阳山,岩石如盖,天雨飞瀑百丈,晴则散丝如雾,山之岭曰'牌岭',其巅有隘曰'牌岭隘',亦以界闽浙也"的记载。至今,牌岭山上仍留有排岭亭和排岭隘残墙基础。

排岭亭(蔡勇明 摄)

闽浙古道，多用石块铺砌，宽不过米，道旁三五里地，便建有歇脚的凉亭或茶亭，多数为当地的殷实善户通过捐助的方式集资而建。他们选址建亭后，还附有助产水田、地、山，并招当地贫困户入亭居住，烧水施茶，维持茶亭长期正常的施茶。这使这个爱心构建物又多了一抹"扶贫济弱"的色彩。排岭亭，由于年代久远失修，其上方的椽檩早已不见了踪影，亭子的梁柱虽然还在，却也极度腐朽，榫头上竟长出耐旱的野草来，上下一片铜绿。房架倾斜的厉害，横梁上还有墨迹，仔细还能辨认字迹，北边是"泰邑八都牙阳信士季国增喜助银十两"，南边是"排邑十八都茭洋信士何廷胜喜助银十两"。据考证，季国增是泰顺雅阳塔头底村人，为塔头底季氏始迁祖的曾孙，依此推断，该亭的建造年代应该在清乾隆年间。从地域上讲，季国增是浙江人，却到福建来修建茶亭，似乎令人费解。其实不然。一是季氏在闽北浙南间算是大族，财富在雅阳当是首屈一指，捐点钱盖座亭子是力所能及的事；二是排岭亭与雅阳只是一山之隔，语言风俗一致，婚娶来往视如当地；三是排岭属闽浙古道的要冲，且是福建进入浙江的最后一站，利于季氏族人及乡亲。

　　排岭不高，它是浙江雅阳南下福建福鼎桐山的第一座山，也是闽浙的交界山。隘口现存一民国年间闽浙分界碑，碑身长满苔藓，但仍可辨读"浙江省泰顺县　福建省福鼎县界　中华民国二十八年三月会勘奉令树立"字样。

　　排岭更大的名气和历史价值在于一场抗倭战斗。据泰顺文保部门考证，隘口的南边山上一抗倭山寨城墙遗存，乃建于明嘉靖年间。据《温州府志》和《分疆录》记载，明嘉靖三十八年（1559）七月，3000多倭寇从福鼎桐山登陆，取道雅阳直攻泰顺县城；当地生员林田组织乡勇在雅阳排岭头，筑堡立寨，凭险据守，与倭寇血战，最后寡不敌众，阵亡沙场。倭寇突防后，从雅阳一路劫掠至三魁，驻兵10日，成为泰顺历史上最为严重的倭寇之难。这一战也是该县有文献记载的唯一一次抗倭战斗。义士林田后来被朝廷封为"勇略大夫"，在其家乡泰顺县泗溪半地垟村至今仍保存着纪念林田的"忠臣庙"。

　　隐藏于闽北浙南大山里的古道，香樟、枫树、南方红豆杉、楠木……连马尾松都有家用汤盆那般粗壮。沿路的客栈或夷为平地或残垣断壁，看起来冷清无比。寻不到多少文人雅客多情的影子，倒是随处可见浸渍着挑夫商贩苦汗的路石，在默默诉说往日的甜酸苦辣……

叠石古戏台

🍃 蔡勇明

戏台，亦称歌台、乐台、乐亭等，就是人们用于听戏、观舞、演奏歌乐的场所。闽浙两省交界的叠石乡拥有多座古戏台。由于位处两省交界，所以这里的古戏台既留有福建戏台的特征，亦受邻省浙江的影响，它们向我们展示了源远流长的中华戏曲文化"移步不换形"的靓丽俊美。其脉脉风韵，让今天的我们仍为之陶醉。

建在宫庙内的戏台

叠石乡现存的几座古代戏台均有一个鲜明的特点，均建在宫庙之中，至今还没有发现建造在宗祠中的戏台。究其原因，与当时家族财力薄弱有很大的关系。在古代，浙江省泰顺，具有比较强的经济实力的家族，往往单独拥有戏台。而毗邻的叠石乡的家族由于经费不济，只好几个家族共同出资，将戏台营建在公共建筑——宫庙之中。这样，不仅能建起一座比较像样的戏台，而且常年请戏班演出的经费也可以得到保证。

叠石乡现存的古代戏台共有的另一个特点是，乡间戏台的修建，台口多与村里的本主庙相对应。这是源于一种风水观：台口面对神庙，可以避免风雨侵扰神台，也隐喻演出的娱神功能。经过时代由圣而俗的变迁，戏台的功能已衍化成乡村礼俗与民间歌乐互融共生的文化空间。

车头村戏台有点意思，隔溪相望的两岸……鼎。车头戏台由一溪之隔的闽浙两地的车头村共同建造。

建在宫庙内的戏台与宗教也有着割不断的血缘关系。叠石乡苍边、库口、车头村古戏台均坐落杨府宫中。大凡民俗节令，这些地方就成了欢乐的海洋，听戏、观灯、对调子，热闹非凡。早些时候，一般都要在杨府爷

福建农林大师生考察车头古戏台（蔡勇明 摄）

五月十八生日这天邀戏班演出，目的是请杨府爷看戏，通过"娱神"来祈求风调雨顺。直到20世纪中叶，此风俗才改变，将演出时间改在了七八月农闲季节。

独特建筑格局的戏台

叠石乡古戏台的屋檐均做成歇山式，显得很庄重。细部装饰主要表现在柱头斗拱和藻井上，柱头斗拱大多有纹饰，多为吉祥花草和瑞兽。

叠石乡古戏台藻井有两种做法。苍边村、库口村古戏台的藻井是运用八面斗拱层层叠涩，斗拱多达八层。苍边村古戏台藻井，在其中四井首层方位，出露的四个斗拱柱头上雕有八仙形象图案，每个柱头各雕两个一组，雕刻精美、形象栩栩如生。库口村古戏台藻井一、二层斗拱连接处嵌有一对花篮瑞草木雕。而车头村古戏台的藻井是叠五层斗拱，然后顶上做成平顶式，平顶略施花格。据传，车头戏台的藻井上还施有精致的"八仙"彩绘，虽经"文革"破坏，但至今仍有部分彩绘隐约可见。其中部分花格中还发现书有苏轼《前赤壁赋》的残词片段，但多数花格人物、花草形象已模糊不清了。

随着戏班乐队"锵锵锵"的声响，演员们开始粉墨登场。从"出将"门出来，一亮相，"伊呀呀"地唱了起来。台下三面围观的观众们看得聚精会神，有滋有味。台上演得起劲，台下更是人头攒动，气氛热烈。这是众多中老年人童年生活中常有的记忆，充满温馨，更是在叠石乡村至今依然能看到的生动鲜活的场面。

乡村文化特有的呼吸方式

在乡间，乐音具有通神的魅力，载歌载舞的倾情宣泄，非为现代意义上的审美消遣，而是祈求"神人以和"。在这种以戏台为载体的祭祀礼仪上，人人都在生活中获得美的享受。正是这种"人人参与"的结构关系，表现出特定人群的文化心理决定着他们对自身文化符号的描述方式和传达方式，体现出宗教和民俗融为一体，寓教于乐，人神同乐这种社会和谐秩序同构一体的美丽光环与生命活力。在每年的农历新年正月、农历五月十八（杨府爷生日）等这些吉祥的日子，叠石乡民间往往都会在戏台上开展相应的活动。作为一种生存智慧，正是这些民间歌乐，以仪式的隐喻，把村民们的心连在了一起，建构起一种充溢着和谐氛围的生存环境。

古戏台作为乡间民众人文情感记忆的载体之一，更作为一种和谐文化的心理空间，它横亘在人们精神与物质之间，以一种仪式的表达，使人们从戏台中获得血缘的认同，享受着声音带来的愉悦。作为民间艺术活态传承的重要文化空间，古戏台至今仍然以草根的力量，焕发出顽强的生命力，使民众日常的生活与仪式的生活一起，构成乡村文化特有的一种呼吸方式，成为人们增强族群认同、加强文化凝聚力的重要场域，更是福鼎丰富的民间艺术在新的时代背景下得以活态传承的重要载体。

（原载《福建日报》2014年9月25日第15版，题目有改动）

里洋苏氏古民居

蔡勇明

里洋古民居,坐落于闽浙边界福建省福鼎市叠石乡里湾村,是当地苏氏家庭私家合院式住宅。民居始建于清代道光、咸丰年间,距今约150年。古民居肇基苏氏,源于苏氏闽南支脉,苏益公第二十世孙(苏国銈公)四子苏家章与其子苏开行。苏氏古民居历经父子两代人营建,父苏家章建正厅,子苏开行续建前庭及两厢。

苏氏古民居建筑规模宏大,占地面积约4亩,建筑面积达2000多平方米。就单体建筑而言,为福鼎市桐山溪西桥外至叠石乡最为有名的古民居建筑院落之一。在当时的交通和技术条件下,完成如此宏大的工程,尤其是延请浙江东阳木工师傅为古民居做精细的木雕,光木雕一项就耗时长达500多天。苏家又从浙江省泰顺运来青条石砌台阶、装饰天井的边沿,耗时日久、耗资巨大。相传,古民居完工后,测算当时耗资折成谷米500担。由此可见当年苏家的富足程度,说他富甲一方也不为过。据说苏家鼎盛时,租发千余担,买田地、收地租。当年田地主要集中在现在的泰顺、福鼎叠石、管阳三地。

里墘村里洋苏氏老厝(蔡勇明 摄)

里洋苏氏古民居呈四合院包围格局，外墙中开大门，左右各开一小门，左边门为拱顶。民居两边的山形，如左右手环抱；门前紧挨一方塘，另有良田数亩；屋后有山。苏氏古民居依山傍水而建，饰有凤凰图案的大门匾额上书"三杰遗耀"字样（末字字迹现已漫漶，有言为"辉"字者，我倾向"耀"字，有待考证）。大门右下方墙基处开有

"三杰遗耀"灰塑匾额（蔡勇明 摄）

一小洞，这是作为夜间大门紧闭之后，猫狗的出入口，可见当时房屋设计考虑之周全。大门上方，别出心裁地设计有一对辟邪招财之意的三脚蟾蜍的排水口。雨天，由屋檐上层收集的雨水经陶瓷制作的凹形沟渠汇入蟾蜍身后的汇水口，然后从三脚蟾蜍的口中"吐"出，在空中形成一股水流再降落至地面由石板砌成的"散水"上，形成由雨水排水设施构成的一道造型十分独特的景致。这种设计不仅解决了屋面排水的问题，也运用"蟾蜍吐水"这一民间神话的寓意达到向天祈福的美好愿望。

苏氏古民居主厅及两侧厢房为木构，厢房外，民居宅院四周以青砖砌墙包围，俗称火墙，平时既起防火作用又兼防盗功用，故此宅也叫火墙里。整个民居外部建筑注重防火防盗，内部建筑则注重通风防潮。民居室内地板采用架空设计。其做法是在夯土地面上设立柱础，立木柱，然后架设地栿、搭小梁，最后在其上铺装实木地板。这种设计，室内冬暖夏凉，犹如天然空调一般。

古民居宅院整体建筑两进，以大门、天井、正厅为中轴线，宅院的地基后院高于前庭，整座古宅不上彩，朴实无华，用木雕作品装饰整座宅院，雕刻工艺精湛，追求"好意头"的工匠，雕刻的每个图案都意有所指，或源于神话故事、民间传说，或有着某种美好的寓意——如松鼠爬到葡萄蔓上，呈偷葡萄状，借鼠的生殖能力强，葡萄多籽（谐音子），象征子孙众多，寓意万代绵长；

方形柱础及通风性能极好的地板（蔡勇明 摄）

三爪金蟾蜍排水口（蔡勇明 摄）

万字和蝙蝠组成图案"福寿万代"；月梁上雕锦鸡寓意锦绣前程。另有凤凰、麒麟等各种瑞兽，其雕刻也相当精巧，各种瑞兽的眼睛是用琉璃镶嵌，只可惜八仙人物等精美雕刻部分被人盗窃。另有多处雕刻被人为铲掉一部分，族人介绍系在"文革"中遭人为破坏。

宅院内柱础有两种形状，一为鼓形、一为方形。材质为青石或麻石。有别于普通民居的是，苏家柱础石用材较好且有一定程度细加工，增加了线条的装饰。宅中另有石臼、石锁、练武石（重达300斤）。苏氏族谱有载，当年宅院主人苏国銈公的三子苏家美孙苏呈钦于清光绪丙申科（1896）王宗师取入福鼎学右庠生（武秀才），时年27岁。

古宅大厅除具接待贵宾、操办喜事之功用外，还是焚香拜佛的地方，大厅两边边门上方有两个神龛，左供菩萨、土地，右奉祖先神祇，神龛后部密封。厅堂上原有楹联、牌匾，可惜未能很好保护，现已荡然无存。民居主厅略为简约，基本不饰雕花，但前庭及两厢较为奢华。另从主厅和厢房房顶瓦片压砖厚薄，也可以推断里湾苏家到了儿子苏开行时，比起其父苏家章时期，家中财力更为殷实。

古宅已历经一个半世纪的风风雨雨。近年，原住深山里以农耕为主的苏氏后裔，纷纷出走大山，古宅荒废。百年古建想重现昔日光彩，福鼎苏氏这座最大的古民居何去何从？

苏山村百年贡生府

蔡勇明

在叠石乡苏山村苏山自然村有一个叫旗杆里的地方，远处山岭连绵，绿意葱茏，风景如屏，近处古木参天，阡陌田畴，流水潺潺。在这诗意般的村庄中间，有一片被树木掩映的老屋，它就是建成于清咸丰初年的贡生府第，当地人俗称张氏老厝。要到张贡生府第，须先经过一小段古趣横溢的乡间石砌小路，绕过一个用石堆砌一人高基座、上植大树的小土包后，就见一排老房，矗立在眼前。大门前接有一段弧形的小路，路左边有一条水渠。府第前紧贴小路右边还有一方水田，略呈扇形。府第大门右前方，就是那个小土包，上植有树。主人当年建房时，显然对府第精心选址，并对整体布局做精心设计。

贡生府第占地约3000平方米，背山而建。从外观上看，整体建筑呈中轴线对称分布，由两座硬山顶厢房、一座重檐歇山式正房和前门两边高高的围墙围合而成。厢房从山墙看属硬山式，四合院中厢房和主屋均是二层木建筑，两边厢房均有重檐。整座府第黑瓦灰墙，中间有一天井。

贡生府前旗杆石底座（蔡勇明 摄）

大门前方立有两对旗杆夹石，旗杆夹石基座长96厘米，宽93.5厘米。旗杆夹石分成四块，每两块一组，在大门前方左右两端各立一对。每块整体呈长方形上尖顶状，两块旗杆夹石间距约30厘米，每块厚约11.5厘米、高约140厘米。每块旗杆夹石上各凿出上下两个孔，上端菱形孔，下端圆形孔。左侧一组旗杆夹石靠左一块正面竖书一行小字，上书"贡生张钟龄立"；右侧一组靠右一块正面亦有一行小字，上书"咸丰元年（1851）九月"。

大门框由一对青石砌就，上刻隶书阴文对联一副"人游舜天尧日里，家在廉泉让水间"。门框下方一对柱石，用青石雕成香炉形状，做工十分精美。大门正上方有一匾额，隐约有四个大字，不知何故，被石灰涂抹，只能看出字的轮廓，无从辨识。门槛亦用一整块青石打就，高38厘米左右。大门高度，除去门槛外，尚约有226厘米、宽约170厘米。细看大门门户相当考究，用青石精心雕成一杯子形状，左右各一，但门板已荡然无存。

　　进大门，就看到一个木质牌坊状建筑，应是过厅，发现上方亦悬挂一匾额，正面上书两大字"文元"，左右各竖书一行小字，左书"贡生张钟龄立"，右书"龙飞咸丰元年"。朝天井方向挂另一匾额，上亦有两大字"举扬"，左右各竖式书写两行小字，左边是"龙飞咸丰元年岁次辛亥应钟月谷旦乡荐中式贡元张钟龄立"，右边是"钦命讲起居注詹事府少詹事提督福建全省学政加三级记录四次李嘉端为"。

贡生府青石门框大门（蔡勇明　摄）

　　老屋年久无人维护，天井中杂草丛生，但可以看出，是选用石板铺地，显得素雅而低调，文气氤氲。堂屋和左右列厢房。构建老屋的梁柱用料粗壮，残存的木雕装饰精美，月梁雕工精细，上有祥云、瑞草、万字等吉祥图案。堂屋上顶用木头精心拼成一个藻井，由于年代久远，再加人为破坏，木头还有些腐朽，部分地方已坍损，已看不清祥花瑞树，但可以想象当年的文雅及奢华。镂孔的窗棂让屋内充满四时光线；窗棂上镌刻有蝙蝠、金钱等吉祥图案，装饰巧妙华丽。

物·华吟赏

叠石印染工艺

蔡勇明

蓝草种植和印染在福鼎的历史相当悠久。印染用的是一种叫"靛"的植物，作为原料进行加工。另外，当时山区农民大多自己纺纱织布。

靛，形声，字从青，从定，定亦声。"青"与"定"联合起来表示"一种含有蓝色精华的溶液静置沉淀后得到的颜料物质"。本义是用蓼蓝叶泡水调和石灰沉淀所得的蓝色染料。

叠石乡发现的主要印染现存实物有踹布石、纺纱机、染料的发料池等。现分述如下。

发料池、储青窟遗址发现于叠石乡杨梅溪村第一坑自然村。《天工开物·彰施》载："凡蓝五种，皆可为淀（同'靛'）。茶蓝即菘蓝，插根活……凡种茶蓝法，冬月割获，将叶片片削下，入窖造淀。其身斩去上下，近根留数寸。熏干，埋藏土内。春月烧净山土使极肥松，然后用锥锄（其锄勾末向身长八寸许）刺土打斜眼，插入于内，自然活根生叶。其余蓝皆收子撒种畦圃中。暮春生苗，八月采实，七月刈身造淀。凡造淀，叶者茎多者入窖，少者入桶与缸。水浸七日，其汁自来。每水浆一石下石灰五升，搅冲数十下，淀信即结。水性定时，淀沉于底。近来出产，闽人种山皆茶蓝，其数倍于诸蓝。山中结箬篓，输入舟航。其掠出浮沫晒干者曰靛花。凡靛入缸必用稻灰水先和，每日手执竹棍搅动，不可计数，其最佳者曰标缸。"据上述文字描述可以得知，福建印染用蓝靛来源于茶蓝。蓝草一般在小暑前后、白露前后两期采集。取净叶28斤、石灰12斤拌成一料，四料便可做成一担蓝靛。因形如淤土，故又称"土靛"。靛蓝的粗制浮沫即中药青黛，蓝草的根即著名中药板蓝根，其果为中药蓝实。它们皆有杀菌消炎、清热解毒之药效，可用于防治流脑、流感及肝炎等传染疾病。《本草纲目》《齐民要术》《天工开物》对制靛均有较清晰的描述，方法大致都相同。

叠石乡发现的蓝靛发料池、储青窟均在杨梅溪村第一坑自然村。调查得知，当地赖姓先祖系从浙江泰顺迁居而来，祖上以种蓝（旧时印染原料）、造纸为生。发料池在其屋前的临溪河床边，长近5米，宽约3米。由于荒废已久，池底淤积，表面长满杂草。储青窟在离住处不远山上一处天然巨石下方，主人当年还在下方进行浅淘，使存储容积加大。赖姓后人陈述，当年先祖每年都将部分青种储存在这个天然石窟中保温存储，来年再行播插。

纺织机、踹布石，实物发现于叠石乡竹洋村石鼓岚自然村。踹布石因其形状神似元宝而得名"元宝石"，又称"砑光石""扇布石""踩布石""飞雁石"等，是古代染布作坊用于碾整染布成品的特有工具，由上爿和下爿两部分组成，各地大小不一，但形状相近，小者五六百斤，重者千余斤。元宝石下爿为一长方形垫石，中心纵向呈浅凹状，与上爿元宝形石底部横向的圆弧相吻。碾布作业的情景是"下置磨光石板为承，取五色布卷木轴上，上压大石如凹字形者，重可千斤，一人足踏其两端，往来施转运之，则布质紧薄而有光"。元宝石的功能，其实和今天的熨斗很相似，以前织布、染布后有一道工序，就是在元宝石上走一遭。其目的有三：一是对染色后的布进行加工，使之柔软平整、有光泽。其次是使之耐磨。《天工开物·乃服》载："凡布缕紧则坚，缓则脆。碾石取江北性冷质腻者（每块佳石值十余金）。石不发烧，则缕紧不松泛。芜湖巨店首尚佳石。"为了让"石不发烧"以达到"缕紧不松泛"的效果，夜晚当是最佳的时间选择。秋夜越深越凉，正好可以延缓劳动中因摩擦而使砧石发热的过程。这正是古人从自己的劳动实践中得出的经验总结。"石不发烧"，还在于不会由于摩擦产生静电发热而损坏织物。其三，"芜湖巨店首尚佳石"，是指规模大的印染店，都非常喜欢材质好的元宝石，不惜重金购之，并以此来炫耀自己的实力和招揽生意。600多年前，元宝石很流行，甚至成为一些印染店"炫富"的招牌。所以，明代要想知道哪家印染店的规模大，看看他家的元宝石大小就知道了。

我在叠石乡竹洋村石鼓岚自然村发现的踹布石，有大小两块，均为青石打造，石呈倒梯形状放置，状如元宝，边缘经人工精心打磨，右侧略有缺失一片。经实测，大石底宽60厘米，上宽约100厘米，厚为35厘米，高约62厘米。石右侧有阴文分两排錾刻文字"道光丙申年立 吴永利号记置"。算来元宝石距今约120年。吴氏后裔现存元宝石大小两块均为上爿部分，大者重约250千克、小的也有150千克。但下爿均不知所踪，有待查考。如此体量的元宝石，比对古籍记载，可以想见当年吴家应是方圆内有名的印染大户，不然不至于如此排场。这两只元宝石的发现，为叠石乡厚重的人文历史提供了有力的实物佐证，也有助于了解古代福鼎印染业的发展状况。现场采访吴氏后裔多人，连其最年长者、现年89岁的吴守挑都对之语焉不详，只知此踏布石系当年其太爷爷、爷爷印染布匹的用具。

秀章马灯

🖊 蔡勇明

马灯，又名纸马，现代马灯一般用篾片扎成骨架，外面糊纸或布，色彩喷绘，配以雕刻加边须，工艺考究。马灯分前后两截，系在舞者腰上如骑马状，栩栩如生、玲珑活现。在过去，马灯一般在春节等喜庆的日子里才表演，或用于某些特定的活动场所，元宵节、重阳节等重要节日活动。舞时骑竹马徐行或疾驰或跳跃，动作轻松活泼，情绪热烈奔放，有的边舞边歌、边跳边唱，根据节奏快慢形成不同阵势，有喜庆、丁财两旺、五谷丰登的寓意。清董正榆《新正七咏》中有一首咏马灯诗："制成款段剪春罗，红影灯中走翠娥；看到扬鞭回勒处，关心叠唱送郎歌。"并自注"四竹马裁纱为之，用童子八人，三装为胡儿骑、三施朱傅粉，峨髻簪花朵骑作女装，二则徒步执鞭左右之若干驿卒，什唱俚歌而驰"，形象地介绍了马灯的基本形态。从马灯诗和诗人的自注中，我们不难看出，在清代，马灯不但有角色、有服装，还着女装和不带道具、执鞭徒步的驿卒，而且唱俚歌。

福鼎叠石乡里湾村秀章自然村的马灯，当地李姓族人都说，源于其24祖李朝资。章峰《李氏族谱》载，李朝资，字式班，号师野，援例授贡生，生于乾隆庚戌年（1790），卒于咸丰辛酉年（1861）。李朝资中贡生（清咸丰丁巳科贡元，1857年）后，有感于秀章族中百姓年节时赌风甚炽，青年不思进取，于是出资延请北岙（今浙江省温州市洞头区北岙）宗亲派遣灯师来村中教授童生马灯，意图借助健康向上的文娱活动—冲赌风、教化子弟。

每年春节前，秀章民间艺人早已将一匹匹扎工精巧的竹马准备就绪。马灯是按马的形态以竹篾纸糊而成，然后在马腹内放置蜡烛。灯舞一般在夜间举行。当马灯内的蜡烛一齐点燃，只只马灯看上去玲珑剔透，生动可爱。秀章马灯初为两匹胭脂色马和六匹白马组成的八匹马队，隐含八仙过海和发财之意；表演时再择机添入偶数量的狮子、吉灯形象，寓意吉祥，增加彩头。后再配以锣鼓乐队、腰鼓舞、鱼灯舞等共近百人的灯队，队内由多名10岁左右稚童扮演民间传统演义《杨家将》《三国演义》等与马有关的古装戏剧人物，或拟态各种自然界花鸟虫鱼形象，身跨竹扎战马，手持不同兵器，打着彩旗，以小跑的形式，来回穿梭，变换阵法，伴着鼓点的轻重缓急，节奏的快慢，或表现战场对峙，刀戟马鸣，激烈厮杀场面，或表现各种滑稽场景逗人发笑。每一阵再由一名年轻力壮、技艺熟练的人充当马头军领阵。表演过程以圆形舞开始，经踢马花（有三角花、四角花、五角花）、龙滚水、凤阳、马蹄奔等，再以圆形舞结束，以示大团圆。现在还能完整表演的有双扇门、长篱、短篱、鲤鱼上山、青蛙揽腰、青蛙下井、蛇脱壳、八月沉江、双龙抢珠、梅花操、蝴蝶花、水里花、水外花、田螺旋、半边月、鲤鱼翻鳔、黄蜂出洞、五方、七星、八斗、九洲等近20种阵法。

秀章马灯的演出服装为传统戏曲服装长袍、马褂等。不同的人物服装颜色和头饰各不相同。如穆桂英，女，戴凤冠，穿红马褂，腰系靠腿；焦赞，男，戴艮幞头，挂黑满口须，穿青马褂，腰系青靠腿；孟良，男，戴铁幞头，挂火须，穿红马褂，腰系红靠腿。士兵服装为红背褡和红色彩裤。道具竹马是用竹子编扎糊纸的战马8匹。其身长六尺左右，身高70厘米至一米。其中，穆桂英的战马为红马头白屁股，杨九妹战马为白马头红屁股。其余为白色战马。兵器有打棍、长枪、板斧、大刀、短刀等武将形象人物使用；兵旗，众士兵用。乐器主要有大鼓一面、铜锣一个、大钹两个、小钹两个、唢呐两支。由于马灯是一种队列调度形式民间舞蹈，所以其伴奏形式相对简单。伴奏主要为五人伴奏，鼓是乐队中最为重要的乐器，鼓手运用不同的演奏方法，通过节奏的变化和力度的对比，敲击出激烈的艺术效果。演员伴着鼓点的轻重缓急、节奏的快慢，表现战场上双方对峙、刀戟马鸣、激烈厮杀、冲锋陷阵、动人心魄的壮观场面。

马灯的手位是鞍马，即左臂于胸前屈肘握拳，拳心向下，右手握道具举至右上方，手心向左。步法为小跳马步，蹉步进行。男女演员都经过一定的训练，演出时依序绕场亮相。在锣鼓等打击器乐的配合下，男女演员每个阵势中有机结合和变换，根据不同的角度变化队形，从不同的位置依次环环相扣，跑出各种变幻莫测的阵势，如破寨等阵法，他们既是交战对立着的双方，同时又是和谐统一体，时分时合、时聚时离，变幻无穷。在有节奏的打击乐声中，全部演员由兵—帅按先后次序出场，各自做"勒马"动作，走圆场"龙摆尾"至台左前。表演中你来我往，快而不乱，稳中求胜，演绎着复杂多变的烦琐阵，一张一弛，扣人心弦，引人入胜。

厦大博士访问团成员访问李姓马灯传承人（蔡勇明 摄）

古人认为，马灯有驱邪避灾和祈福的作用。马灯活动关系到全村和全族一年的命运，是全村和全族的共同事务，需要全村和全族人的协作，才能完成。秀章李姓老人的记忆里，年少时，秀章的马灯队村村都要请，人人都爱看；马灯舞到哪里，哪里便会出现万人空巷观灯的盛况。当马灯舞到家门口时，大家都喜欢在家里供上香烛，把马灯迎进家门，在大埕里跳上几圈。在春节举行马灯活动的日子里，村里的新年节庆氛围达到一年中最为浓厚的高潮阶段，祠堂、土地庙、社坛、村民房前庭园处处留下村民们欢快的笑声和载歌载舞的足迹。马灯队所到之处，村民们夹道欢迎，鞭炮齐鸣，全村人都沉浸于新年的喜悦之中。最辉煌时，秀章马灯曾献艺于当时的南溪公社大操场，为乡民足足表演了近两个小时。

马灯活动是一种较为严格的祭祀仪礼，其活动处处体现着儒家思想认可的家国忠君思想，男子修身、齐家、治国、平天下的人生理想，实现光宗耀祖的人生目标。虽然其中掺杂很多封建思想，但更多包含中国优良传统美德，在不断强化过程，都潜移默化地深入村民心间，其教育功能显而易见。在当前乡土村落逐渐衰败、村落传统体育逐渐失去对其文化功能本体指认境况下，全社会应重估马灯等村落传统体育的文化功能，并在当代文化格局中积极重建传统体育文化功能与乡土村落之关联。

南往村发现古银锭

◎陈敬钦

1984年4月间，在玉石区苍边乡南往村，有农民王念炳的孩子，偶然在野外捡到几块古代的银锭子，形状不一，有的是完整的，有的是不完整的，有的上面还镌刻着繁体的"军宝"二字。另外，还陆续捡到不少拇指大的银块，总重量约五市斤。

另一次，是距今约30年前，农民林阳池的女孩在他家附近竹林里挖竹笋，也捡到一块完整的银锭。

据查，发现银锭的地点，就只有南往村土名洋头一处，其他地方根本没有发现过。相传，南往村曾是"山寇"的根据地，筑有寨堡，附近还有一块地方说是跑马场。那块地底传说还铺有石板，因群众受迷信影响，一直不敢把它挖开。据当地父老传说，当时的山寇首领只称"南往余"，不识名字，后因大军围剿，山寨被捣毁，山寇星散，"南往余"本人就逃往杭州去了。至于所谓"山寇"的具体活动过程，就没人知道，至今仍是一个谜。

不过，据传距今约200年前，自山寨捣毁后，有一姓林的农民在这里开荒建房时，曾在地底挖出大堆黑色东西，认为是废烂铁倒弃，最后还挑了一部分到县城换回铁锅。

另一次，是距今将近50年光景，本村群众因闹"花会"赌博，曾到距废寨基约三里许的高山上（小地名池窟）墓穴样的地方挖出不少刀、枪、矛等武器的废烂铁。池窟附近还有一条坑道，宽约1.5米，高2米，群众统称为"反洞"，洞道走向是逐渐向下延伸的，有好奇的群众曾进去探测，只走了十几米处，便发现洞内黑漆漆，阴森可怖，只好退出，故至今仍不知该洞究竟有多深，究竟藏些什么。还有，记得我小时在村里一家蒙馆念私塾，那个馆也正对着山寨地方。塾师经常谈及，在寨基附近到深更半夜时，往往发现有一股洁白色火光，一直向上冒，足有三丈多高云云。

根据上述种种传说或事实迹象，我们可以作些初步的分析。

南往在迄今200多年前后，确曾一度成为军事上占据和争夺的地方，当时一定筑有寨堡、仓库和地道之类的军事构筑。南往作为一个自然村，地处崇山峻岭间的天然小盆地，向东南瞭望，方圆数十里没有任何遮蔽，北向可控制浙江泰顺、平阳交通要道，西向除一条羊肠小道可通外，其余都是悬崖峭壁。从军事角度看，确有长期屯兵价值。

不过，地僻人稀，附近非紧邻交通孔道，从来无商贾货物来往，根本没有条件可以作为零星散匪，或所谓"山寇"之类啸聚的地方。

据已经发现的窖藏物，除银锭、银块外，就是刀、枪、矛等铁铸的兵器，并没有另外发现铜钱、金属首饰或珠宝之类。特别值得注意的即银锭的大小式样，都有一定范式，甚至有的还镌刻有"军宝"二字，这显然是国家向所属战斗序列的部队发放的军饷银之一种，绝非民间通常行使的货币，更不是所谓"山寇"之类在劫掠中的猎获物，能如此单纯划一。

所谓"南往余"其人，关于他的生卒履历及当时活动情况，目前虽无文字资料可查，但依据民间传说，都确认"南往余"其人其事的出现，是在明末清初之际；再翻阅茗阳李氏宗谱的记载，尤为言之凿凿，有一定的线索可寻。盖当清兵入关，明朝覆灭后，我国东南一带人民，因不甘沦于异族统治，纷纷组织义军，奋起反抗，除郑成功于崇祯末年曾率军经过分水关南下，接着就有福安刘中藻、汀州王拉夫及寿宁马兴等，都先后转战于闽浙一带，活动时间自1640年明亡后以迄1650年（清顺治七年）整整达十年之久，分水关、茗阳一带人民，苦于连年兵燹，四处流离，而南往距茗阳咫尺之遥，当然亦在战火之中，这是可以想见的。

特别是义军刘中藻一旅自明唐王朱聿键正位闽中后，他以右佥都御史身份奉诏巡抚金衢一带，招集苎寮、菁寮诸种人万余众练成劲旅。后唐王败于汀州，刘中藻仍率众转战千里，克复浙之庆元、泰顺及福建寿宁、宁德、福安、古田、罗源诸县，并迎奉鲁王至福州，己则晋升兵部尚书兼东阁大学士，抚循将士，军势大振。在这条战线上与清兵反复争夺，愈守愈坚，愈战愈勇，坚持至己丑（1649）正月清军派总督陈锦率兵十万，树栅列寨围困中藻于福安城，孤城绝援，尤坚守4个月，终于城破吞金自绝死。据此，我们可以测知当时的刘中藻义军数万人在浙闽边一线抗击清军时，肯定是全面布局，犄角为守，绝不是乌合之众，狼奔豕突。当时福鼎属福宁州辖境，地处闽浙交界，地形险要，尤为军事上必争之地，肯定有相当数量的义军部署在这一线的重要据点上，资为呼应。因此，南往当时的所谓"山寇"，不就是刘中藻所属的义军的一部分吗？"南往余"其人，不就是当时驻南往义军的头头吗？现在南往陆续发现的刀枪长矛一类兵器，不就是当时义军失败后埋藏下来的军器吗？特别是有关银锭问题，我们从刘中藻死节前上军转总督陈锦的遗书中得到启发，他的遗书详载于光绪九年（1883）版的福安县志人物传中，兹节录如下：

念老泣自起义以来，务在爱养百姓，夙兴夜寐，手口卒瘏，皇天后土实鉴临之、匹夫匹妇，共有口也，以一隅之地，当四面之敌，养兵数万，心血丝悬。计福宁州岁入银一万八千有零，今现买米十七万斗，福安县岁入银一万有零，买米十万斗，仅支四万斗，又寺租米五万斗，仅入一万五千斗。呜呼！使任事者无误乃公，即有十万之众其奈孤臣何哉！尚有兵饷银一十八桶，寄在松罗洋郑世春家，每桶七百两，此乃大帑之物，丝毫不敢冒昧，亦以见老臣之实心作事，皎然于天下万世者也。

读此，我们可以完全明白，当时刘中藻所部义军的给养，是统一就地筹应，官兵的饷银，是所谓的"大帑之物"，换句话说就是统一铸发的帑银，就是"军宝"。至此，我们可以有理由相信，南往村所发现的古银锭无疑就是当时抗清义军失败后埋藏下来的"兵饷银"，后因水土流失，这些饷银逐渐暴露到地面来了。

寻访郭沫若墨迹

梁史清

早听说桐城藏有郭沫若先生的墨迹，我很想见到它。

沿着街树蝉声的吟唱，我去寻访陈海亮先生。1942年秋天，陈海亮先生因公去陪都重庆，趁便拜访何公敢。两人一见甚欢，并又去访郭沫若先生。郭先生听介绍后，忙同他握手，说："同是服务战地文化工作的战友，至今才相见，幸会，幸会。"又说："你在南昌负责，几次历险，劳绩突出，德明先生曾对我说过，给我留下很深的印记。此前虽未见面，实已相识。作为文化战士，对抗日救亡有过出色的贡献，为中华民族效力，也充实了自己生命，你有这一段历史，足堪自豪。现你转换了工作岗位，而抗日大业效力则一，这种贯彻始终的精神就不错嘛。"最后，郭先生激昂地说："民族有希望，我们才有希望啊！"

说毕，他伸笔铺纸，略一思索，写了一副嵌名对联：

海大浩茫容众水；月光清亮护群星。

此联第一句第一字与第二句第四字，含有"海亮"两字。他随即加盖印章，赠给陈海亮先生。

我忙问："这联还在吗？"他感到痛心地皱眉摇头说："这联同许多名人墨宝，都散失了。"

沉默良久。他见我有点失望，又给我提供了一条寻找郭老墨迹的线索，那就是上文提到的董德明先生。

1939年6月，董先生请调回重庆，当时军委政治部派海亮先生接替德明先生的战地文化服务处南昌总处主任遗缺。不久，董先生赴第九战区仍从事抗日战地文化服务处领导工作，并随信抄附郭沫若厅长书赠董先生的嵌名对联与一首律诗。

对联：

有容德迺大；无垢明之源。

律诗：

> 临流扣楫且高歌，拔地群山奈尔何。
> 白马嘶风奔碧落，青螺冪雨压长河。
> 茅台斗酒奚辞醉，宣室纵谈不厌多。
> 暂把烽烟遗物外，此游我足傲东坡。

海亮先生沉入抗日烽烟的记忆，颇动感情地吟着诗句。我又急问："这些还在吗？"他点头："在。现在由董先生的三子允平先生收藏。"

我又去寻访董允平先生。他现住桐城龙山干部退休楼。凑巧，他在家，我说明来意，他从箱中拿出郭老的墨迹。

这时，窗外榴花似火，照着我寻找到的郭老的墨迹。

库口赏寒芒花开

蔡勇明

每年农历九月中旬左右,叠石库口溪滩一带迎来它一年中最美的季节。远远望去,满目青山中,蓝天白云下,一条蜿蜒的溪流向东缓缓流淌在福鼎母亲河桐江的上游,夹溪两岸首先映入眼帘的是一大片一大片淡红色的花海,如此夺人眼球的花海,便是河漫滩上成片的寒芒花。

寒芒盛开的季节里,粉红的、暗红的、白色的寒芒一丛丛、一片片,轻风拂过,寒芒顶部,远远看着,就像滚动前进中起起伏伏的粉红浪花,美爆了!

在成片的寒芒花海中,你时不时还可以看见三五成群的白鹭穿行其间。这些停停歇歇的白色精灵与粉红的寒芒、白色的芦苇、潺潺流水边的钓者、古老灰暗的石桥、翠绿的河漫滩植物一起又构成一道道别样的风景。

大众常常将寒芒和芦苇搞混,其实区别是芦苇的茎是中空的,而寒芒的不是。另外,寒芒随处可见,芦苇择水而生。

芦苇是多年生草本植物,生于湿地或浅水,叶子披针

寒芒花海(蔡勇明 摄)

收割寒芒(蔡勇明 摄)

形，茎中空，光滑，花紫色；茎可造纸、葺屋、编席等；根茎叫芦根，可供药用；穗可做扫帚。

寒芒也叫五节芒，是日常生活之中最常见的野外群生禾本科植物。它在山坡土、道路边、溪流旁及开阔地成群滋长，其地下茎发达，能适应各种土壤，地上部被铲除或火烧后，地下茎仍能长出新芽。五节芒是多年生常绿草本，芒节有白粉；叶互生，叶缘含有制造玻璃原料的硅质，会割伤皮肤且非常痛；花序轴可以集结成扫帚；果穗可供花材；茎叶作为屋顶及牧草，新芽和嫩笋可食，茎有利尿、解毒功效，根能治咳嗽、小便不利等症。

寒芒丛是白鹭最好的歇脚处（蔡勇明 摄）

库口寒芒盛开的季节里，割芒工人也开始忙乎开来，他们手持专门制作的勾芒工具和镰刀，将河漫滩上的一丛丛寒芒，割下打捆，扛运回家。据介绍，寒芒简单些的可制成传统的手工艺扫帚。复杂些的，村民将收割回的寒芒去除花穗后，剥去外层，留下内秆，晒干后捆扎，等待收购制成烛芯。

寒芒花开时节，沿普玉线桐江溪往库口方向骑行，如黛的青山中，悠悠白云飘过、古桥边潺潺流水；清新的空气、粉墙灰瓦的民居、歇歇停停的白鹭、悠闲的钓者、勤劳的村民、粉红的寒芒一起构成一幅叠石美丽的乡村特有的图景。

兔子粑

蔡勇明

兔子粑久负盛名，是叠石乡的一道极具地方特色的美食。橙黄色的表皮、闻之浓香扑鼻，米香与兔肉香味完美融合，皮脆而肉质细嫩，甜里溢香，耐人回味。

其传统做法是，精选家养短毛兔，宰杀后用开水烫取并拔去长毛，再用剃须刀片精心刮去短毛，去掉内脏，余3斤左右为佳，先用小竹片撑平。在铁锅内放入些许地瓜米，上置竹制蒸架，将撑平的兔子放入锅中，使用文火熏烤约8—15分钟，兔肉变金黄色即可，取出兔肉后在阳光下略晒或风干即成兔子粑。最后，对兔肉进行焙制。将风干兔肉切片下锅，用食用油少许炸至半熟，捞起包装，放入冰箱中保存待用。

兔子粑制作关键，第一步在选兔。要以喂养四五月的毛重约4—5斤者为宜，且要注意选取无孕母兔或公兔为佳；兔子粑好吃在皮，所以选取的兔子以皮肉厚者为上。兔子太肥，油脂多；太瘦，皮肉不厚，均影响后期口感。

第二步脱毛环节。水温至关重要，除大致有个温度要求，操作者手感很重要，温度太低，脱毛不顺；温度太高，脱毛会导致兔子皮被烫伤，影响卖相。此外，部分商家在脱毛时，有的会在水中添加少量盐和食用碱（有一定去除油脂作用）。

第三步熏制兔子粑。可依个人口味，嗜甜者还可以使用红糖或白糖替代地瓜米进行。

第四步炒制兔子粑。吃时，商家取适量兔肉并依口味加入调料和姜丝、辣椒等佐料炒制，其间添加适量开水，盖上锅盖焖几分钟后，起锅装盘或以红酒煨之，还可加入紫苏叶单独炒成一盘；亦可在炒制山藕粉丝（或地瓜粉丝）过程中拌入适量的兔子粑作成兔子粑粉丝。

熏蒸后的兔肉要悬挂风干，这样后期兔肉炒制起来有嚼劲。为保证不让兔肉被苍蝇沾染，从而导致兔肉滋生细菌变质，夏季使用电风扇风干。另一种说法，经过熏蒸的兔肉，一个重要的作用在于熏制品不易变质，旧时无冰箱，利于兔肉长期保存。

兔肉属于高蛋白质、低脂肪、低胆固醇的肉类，兔肉含蛋白质高达70%，比一般肉类都高，且脂肪和胆固醇含量低于所有的肉类，故有"荤中之素"的说法。每年深秋至冬末间食用味道更佳，是肥胖者和心血管病人的理想肉食。

树豆腐与金樱子花饼

蔡勇明

树豆腐，又叫"豆腐柴""绿豆腐"，雅称烧仙草。泰顺有些地方叫树豆腐、柴叶豆腐，取纯天然野生植物汁液制作而成，有清热、解毒、凉血、消暑之功效。夏季饮用，清热解毒、生津止渴。原材料是一种草本小灌木，多野生于向阳山坡、溪谷两旁，以及灌丛或郊野路边等处。豆腐柴的叶子有普通调羹底那么大，呈卵形，顶端渐尖，边缘是不规则的粗齿。豆腐柴花期在夏天，花序呈圆锥形排列，花形小，花萼绿色，有时带紫色，花冠淡紫色，外有柔毛。初夏时节，豆腐柴叶片成熟，烈日烤炙下发出幽香在山野里弥荡，你在远远的地方就能循香寻得。

豆腐柴（蔡勇明 摄）

柴豆腐制作简单。将豆腐柴叶子摘来洗净（虽然豆腐树的再生能力极强，春夏秋三季树梢会连续生长，采摘过后，它很快就会重新发枝吐叶，但万物有灵，建议尽量不要采取折枝方式采取），取叶适量，洗净，在盆中用力揉搓出液汁，伴着清香从指尖冒出，此时加水过滤挤干，取原汁放入盆中。接下来过滤，使用的工具是另外一面干净的空盆子和纱袋，纱袋的眼口最好细一些，这样可以剔除那些影响口感的细小杂质。加适量干净草木灰（凝固剂）过滤后的汤液，混入，并轻搅均匀，盖上10分钟即成。待冷冻后，随自己喜爱加些辣椒、酱油等佐料，即可食用。该植物还是被毒蛇咬的急救药，被毒蛇咬了，只要取适量的叶片，咬碎敷在伤口上，能起到缓解毒性，争取一定的急救时间。

金樱子花饼，金樱子植物喜温暖湿润的气候和阳光充足的山野、田边、溪畔灌木丛中。金樱子是常绿攀缘灌木，高可达5米；小枝粗壮，散生扁弯皮刺，无毛，幼时

可甜可咸的柴豆腐（蔡勇明 摄）

被腺毛，老时逐渐脱落减少。小叶片椭圆状卵形、倒卵形或披针状卵形，先端急尖或圆钝，稀尾状渐尖，边缘有锐锯齿，上面亮绿色，无毛，下面黄绿色，幼时沿中肋有腺毛，老时逐渐脱落无毛；小叶柄和叶轴有皮刺和腺毛；托叶离生或基部与叶柄合生，披针形，边缘有细齿，齿尖有腺体，早落。

花单生于叶腋，直径5—7厘米；花梗长1.8—2.5厘米，偶有3厘米者，花梗和萼筒密被腺毛，随果实成长变为针刺；萼片卵状披针形，先端呈叶状，边缘羽状浅裂或全缘，常有刺毛和腺毛，内面密被柔毛，比花瓣稍短；花瓣白色，宽倒卵形，先端微凹；雄蕊多数；心皮多数，花柱离生，有毛，比雄蕊短很多。金樱子花饼，制作简单。取花洗净，加入米浆或面浆搅拌均匀即可，喜甜加糖，喜咸加盐，然后适量放入热油锅，像摊煎饼一样，双面摊熟即可。

这两种叠石植物美食，特别是树豆腐，仅在福鼎叠石与浙江泰顺雅阳一带有发现民间食用，其他地方几乎不见，很有特色。树豆腐成品只能保存24小时，要不就变水了。树豆腐叶子采回来冷藏后可以保存好多天，现做更好吃。只是金樱子花季节性强，就是立夏前后几十天时间才有。

金樱子花（蔡勇明 摄）

水库鱼头

🍃 蔡勇明

叠石水库鱼头（蔡勇明 摄）

将鱼头略加煎炸熬奶白鱼头汤
（蔡勇明 摄）

众所周知，南溪水库水质优良，是福鼎的母亲湖，叠石乡全境均是福鼎城区的饮用水涵养地。由于库区集域面积大，南水中自然放养的淡水鱼，本就有别于小鱼塘里的鱼，鲜而不腥。蒸、炖没有淡水鱼厚重的土腥味，清淡爽口，瞬间可以打开你的味蕾。

由于是城区饮用水库，南溪库区鱼只许投苗，不放饲料。近年，由于人们对天然食材的推崇，南水仿自然状态放养的鱼，大受追捧，偌大的库区，每年也仅产鱼百担左右，收鱼时节一到，往往被精明的浙商捷足先登。不提前预订，很难买到，收购价格直逼每千克25元。由于面市极少，故而南溪水库所产鲜美的库鱼，一直不为外人所知悉。

南溪水库饲养的鱼类近些年大致投放有草鱼、白鲢鱼等品种。鱼头汤的做法大致可以有三种。

原料：（活）鱼头、姜片、大葱、豆腐、香菜、胡椒粉、盐、味精、鸡汤（或者到超市买现成的鸡精，按说明书配比熬制）。

第一种鱼头炖豆腐。①豆腐将鱼头去鳃洗净，对半剖成两爿，将其用硬物敲酥至鱼脑外溢，这样鱼头中的脑浆就会更充分地融入汤中，但为了汤品的整体美观要注意保持鱼头的完整不碎，放入砂锅加鸡汤（或清水加鸡精）。②加入姜片4—6片、葱2—3段，适量盐、味精。③炖至开锅后，加入豆腐煮15—20分钟，加香菜、胡椒粉即可。

第二种清炖鱼头。做法是将鱼头去鳃洗净后，过油炸至断生（不见血）以去掉腥味，但一定要在汤炖开锅时去掉汤中浮沫，这样油炸过的感觉就几乎没有了。炖熟的汤品呈乳白色，撒上一层香菜后，乳白的汤面飘着绿色的香菜，一眼看上去，就能成功撩起食欲。有人更喜欢鱼头不过油炸，由于整个过程没有一滴油加入，所以口味非常清淡，满口都是鱼的鲜美香醇，天然健康。

第三种鱼头豆腐汤。鱼头1个、嫩豆腐1盒、香菇8朵、大葱3段、老姜3片、盐1茶匙。①鱼头洗净，从中间劈开，用纸巾蘸干鱼头表面的水分；嫩豆腐切成厘米厚的大块；香菇用温水浸泡5分钟后，去蒂洗净。②煎锅中倒入油，待七成热时，放入鱼头用中火双面煎黄（每面约3分钟）；将鱼头摆在锅的一侧，用锅中的油爆香大葱段和姜片后，倒入足量开水没过鱼头。③再放入香菇，盖上盖子，大火炖煮50分钟。④调入盐，放入豆腐继续煮3分钟即可。

奶白鱼头汤不仅是每一位饕餮客心目中的美味，更是叠石对外的一张秘而不宣的餐饮名片和金字招牌。南溪淡水鱼，品质高，营养丰富，绝对是菜谱中的"脑白金"。南水奶白鱼头汤，对在外的游子绝对是一道记忆里的"追魂汤"，能勾起无尽的乡思。

奶白鱼头汤（蔡勇明 摄）

咸猪蹄

🍃 蔡勇明

农耕时代，猪蹄绝对是一道颇受欢迎的贵重菜，在祭祀、宴饮、婚庆等重要场合中屡屡出现，这在《清稗类钞》《东林书院志》等典籍中均有提及。清代饕餮客袁枚，在其《随园食单》中，除不惜笔墨列出"猪蹄四法"，还刻意点名某某行家是做猪蹄菜的圣手，可见猪蹄在美食家心目中的地位。

福鼎民俗，在举办婚娶、学徒拜师等重要仪式活动中，常以猪蹄作为一份贵礼答谢。坊间也以某家一年吃猪蹄次数多寡，作为评判其生活水准高低的一个重要指标。

猪蹄又叫猪脚、猪手，营养丰富，富含胶原蛋白。胶原蛋白缺乏，是人体衰老的一个重要因素。猪蹄中的胶原蛋白在烹调过程中可转化成明胶，它能结合水，从而有效改善机体生理功能和皮肤组织细胞的储水功能，防止皮肤过早松皱，延缓皮肤衰老。为此，人们把猪蹄称为"美容食品""美味佳肴和良药"。猪蹄性平，味甘、咸，具有补血、滋阴、通乳、益气、脱疮、去寒热等功能，适合用于乳少、痈疽、疮毒等病症，还有滑肌肤、填肾精、健腰脚等效能。猪蹄比猪肉更能补益人体。

叠石的咸猪蹄，细究起来，亦为旧时农家一道贵重菜肴。回想过去，交通不便，采买食材不易，人民生活水准不高，特别是一些僻远地区，只在逢年过节、婚丧嫁娶、行拜师礼时，才将家猪宰杀，取蹄相赠，以示尊崇。当时食物贮藏条件有限，没有冰箱、冷柜等保鲜设施，偌大的猪蹄，一时无法吃完，遂将其分解成块并用盐适当腌制，这既有利于延长猪肉的保质期，又可为猪肉后期加工进行预调味。正式加工时，还能据此做出风味不同的猪蹄菜。咸猪蹄应是应对这些需求而诞生的。

叠石咸猪蹄肉香扑鼻，口味独特，充满嚼劲，咸淡适中，嫩滑爽口，一口下肚，满口生津，食欲大增，实有一种说不出的享受。

人物春秋

叠石先贤录

蔡勇明

何国仕

何国仕（1619—1683），字应文，荎阳人。家颇丰，积而能散。尝偕其弟国备，以其父凤山名，舍治南宁泰门外种田十石地，为桐山营演武场，而自纳其田租于官。及今营经裁撤，其地悉归官产变卖，何氏子孙尚岁输不绝。

王慧梅

王慧梅（1752—1787），字奕魁，号雨村，马尾人。福宁左营千总。乾隆五十二年（1787），台湾林爽文起义，带兵赴剿，至硫磺溪。半济，贼薄之。魁大呼旧勇力战，俄贼大至，复手刃数人而死。事闻，晋封武略骑尉。赐葬祭，堪合资助共领帑项三百余两。妻钟氏闻报不食数日，亦死。荫一子云骑尉世职一代，恩骑尉世职罔替。

李朝资

李朝资（1790—1861），字式班，号师野，小章（今叠石里湾秀章）人。援例授贡生，咸丰丁巳年（1857），李朝资中贡元后，有感于秀章当地族中百姓年节中赌风甚炽，青年不思进取，出资延请北岙（今浙江省温州市洞头区北岙）宗亲派遣灯师来村中教授童生马灯，意图借助健康向上的文娱活动一冲赌风、教化子弟。

吴斯然

吴斯然（1815—1899），字大锡，叠石乡石鼓岚人，牵头出资倡修马尾溪坪福泰桥并在桥畔建亭，光绪三年（1877）春竣工。桥设24墩25孔，为当时福鼎至泰顺重要孔道。清光绪三十一年（1905），吴氏后裔吴斯画与侄子吴钦节、吴钦龙一起再次重修马尾溪坪福泰桥，至1927年，吴钦节又捐资重修水毁的福泰桥，便利乡民。

张家粮

张家粮（1818—1860），字在玺，官章（族谱中名）钟龄，福鼎十八都（今叠石乡苏山村）人，道光年间乡耆张兴庭子。道光十九年（1839）、道光二十二年（1842），在其母鼓励下，费尽艰辛，牵头集资，两度修筑闽浙两省重要通道上的一座古桥。咸丰元年（1851）乡荐中式贡元（岁贡）。后继父业，从商有成。苏山村旗杆里有其贡生府。

夏桂英

夏桂英（1854—1921），原名中芳，字钦芬，号梦兰，武庠生，南溪人。民国元年任福鼎县参议员，父夏李坤，倡建（编者注：查当年建桥碑记，应为倡建者之一）永安桥于南溪村。桂英踵其后，更建惠济桥于其里。近桥有地曰"起凤岚"，为鼎泰行人必经之路，岩险而迂窄，下有潭，深不可测，过其地者辄有倾跌之危。光绪甲午年（1894），桂英倡捐多金，护以石栏二十余丈。地方公益，若自治乡团诸义务，悉力任而不辞劳瘁。里有鼠雀争，得其一言悉平。1915年，县知事邹国炜保举其为福鼎县保卫团团总。另《玉塘夏氏族谱》载其还曾有建造太洋侯王宫及水尾大路官衙碇埠、石佛宫亭等善举。

金国孚

金国孚（1865—1944），字立应，号合峰，一号中谷，学名焕章，南溪人。贩茶于省城福州，经商有成，善于调解地方事务，1917年当选县议会议员，后又被推选为县立保卫团保董，积极为地方事务发声，热衷地方公益事业，1928年曾先后筹款4000多元为南溪地方修缮两座桥梁。

夏应霖

夏应霖（1902—1950），号明时，字兖甘，南溪乡人，曾任南溪乡乡长、县参议员等职。1946年6月，曾向县参议会提出"拟请修建南溪桥以利闽浙交通案"议案（联署人：李海、王孙珍），要求拨款修建于 1940 年 3 月后被洪水冲毁的南溪桥梁，以利闽浙交通，获时任县长吴锡璋认可；1946 年 12 月，以提案人身份，向县政府建议"分饬各乡镇，责令保甲长负责保管各该辖地之路荫并请出示严禁砍伐，借以蔽日而利行人案"的议案，也获通过并实施。

董德明

董德明，字光宇，本县南溪古林（今庙边古林）人。毕业于私立福建法政学院，曾参与"闽变"，失败后与李得光同往香港转桂林，在桂系办的政校中工作。1936 年回闽，任霞浦省立第三中学教席。抗日军兴，响应号召投效战地工作，被派为总政战地文化服务处南昌总处主任，后转调第九战区领导战地文化服务工作。为郭沫若所赏识。胜利后转入重庆工厂工作，"文革"后回鼎，旋病逝。

林垂便

林垂便（1912—1982），丹峰人，嘭嘭鼓艺人。童年顽皮，喜习拳术枪棒。父母早逝，混迹江湖，养成侠义习性。19 岁开始学习嘭嘭鼓。由于他性格洒脱，不拘泥，进步特快。他的演唱不同于一般艺人而别具一格，擅长泼辣刚烈和诙谐幽默的路数，讲究融精、气、神于说唱之中。在故事演绎中加入较多形体动作，常边击嘭鼓边将嘭鼓作为道具表演；有时腾、挪、纵、跳于椅桌之间，有时又扮观众逗趣，模仿各类人物的喜怒哀乐惟妙惟肖。加上他嗓子好，声音高亢洪亮，表演很吸引人。擅长的主要曲目有《五虎会江南》《大闹菊花园》《嘉庆斩和珅》《七子十三生》等。

廖义融

廖义融（1921—1994），化名阿三，福鼎县叠石八斗村人。1921 年 12 月 29 日出生于贫苦农民家庭。少年家贫失学，10 岁就给地主放羊。义融 14 岁时，便帮助中共地方组织递送信件。

1936 年 1 月，粟裕、刘英率中国工农红军挺进师进驻八斗村。15 岁的义融便参加了工农红军。同年 9 月，义融调到中共桐霞县委机关工作。11 月，他随中共浙南特委书记谢文清参加福鼎管阳花亭战斗，获得胜利。后到泰顺县泰东南地区，跟随刘宝生开辟新区，经受了 8 个月反"围剿"血与火的战斗洗礼。1937 年初，他在泰东南地区筹款时，被敌人包围。义融巧妙隐藏于暗水沟，待敌人撤走后，便化装为牧童，在当地群众掩护下逃脱了敌人的追捕。此时，国民党还搞移民并村、筑碉堡驻扎。他同战士们隐蔽在山洞里坚持斗争。同年10月，几经周折，回到平阳山门省委机关，参加"红小鬼班"，学习革命理论，并参加军事训练。次年5月加入中国共产党。先后担任中共闽浙边临时省委机关青年班班长、中共浙南特委特务班副班长、特委机关党支部书记。

1939年7月，中共浙江省第一次代表大会在平阳北港召开，义融担任党代会所在地的保卫工作，圆满完成了大会的保卫任务。翌年4月，国民党顽固派以平阳北港为重点，向浙南革命根据地发动进攻。特委机关每天都受到敌人骚扰，频繁转移。在这严峻的艰难岁月里，义融作为特委机关的警卫人员，始终保持高度警惕，机智果断地处理一次次险情，保护了特委机关的安全。

1945年12月，中共浙南特委调义融任中共永嘉县委副书记，并先后兼浙南游击队十三区队副政委、政委。他对永（嘉）青（田）革命根据地和十三区队的创建和发展呕心沥血，做出卓越的贡献。在义融的领导下，区队由十多人发展到500多人。他与区队其他领导精心部署温溪码头、柴皮、章旦、外黄垟等一系列战斗，在当地党组织和群众的配合支持下，以少胜多，以弱胜强，取得这些战斗的辉煌胜利，粉碎了敌人妄图将十三区队和当地民兵歼灭于瓯江北岸的阴谋，充分展现他多谋善断、灵活多变的战术和高超的指挥才能，受到中共浙南特委的嘉奖。

1949年4月，义融任中共永青中心县委委员、永嘉县委书记兼县民主政府筹备委员会主任。在和平解放温州城，以及在藤桥歼灭南逃的国民党特种部队交通警察第一总队的战斗中，做出重大的贡献。同年10月，义融由永嘉县调任中共温州市委委员、市农会主任。

1950年5月，义融调任中共永嘉县委副书记，县长。后先后任温州市人委监察委员会主任、浙江省工会温州专署办事处主任，中共温州地委委员、组织部副部长，并兼任温州农学院党委书记等职。1963年5月，义融被调任中共丽水地委委员、组织部副部长、丽水地区内务局局长等职。1973年调回温州，任温州地区革命委员会政工组党委副书记等职。1979年任温州行署视察室副主任。

1994年2月，义融于温州医学院附属第一医院病逝，终年74岁。

邓福坦

邓福坦（1922—2009），福建省福鼎县库口村田楼仔自然村人。1936年11月，正式加入中国工农红军，1937年3月，被编入闽浙边省委武工队，历任红军挺进师保卫队警卫员、浙南特委机关警卫队队长，担任刘英的警卫员，负责刘英的生活起居和安全。1939年4月加入中国共产党。之后，随粟裕、刘英，指挥的红军挺进师转战浙江，亲历浙南三年游击战争中最艰难的岁月。1949年2月，任浙南游击纵队一支队副支队长兼一大队长，指挥其中一路部队，会同其他部队一起，攻克泰顺县城，在解放战争中立下战功。先后任浙江省第五警备旅310团、第35军104师16团、建筑6师16团副团长，陕西省建筑工程局十一团团长，陕西省木材加工厂厂长等职，参与我国多项重大工程和军工厂建设。1947年，历任青景丽中心县委常委，县队队长，中华人民共和国成立后曾任温州建材局局长、党组书记等职。

邓福坦同志离休前任温州地区基本建设局局长，离休享受地专级待遇。因病医治无效，于2009年8月24日在温州逝世，享年88岁。

（本文参考了《福鼎县志》等）

附录：

大事记

五代十国

闽王王审知(862—925)时期，筑叠石关，抵御越人入侵。清顾祖禹《读史方舆纪要》载："《泰顺县志》云：州东北有叠石关与分水关，俱闽王所置，以备吴越。"

宋代

北宋熙宁五年（1072），叠石竹洋村玉林（今银硐自然村）开采银矿，设监官。"玉林场，熙宁（宋神宗，1068—1077）间发。六年，收银五百七十八两、铅四千九百五十斤。七年，收银一千三百六十七两、铅一十万八百四十八斤。置监官。绍兴三年（1133）三月停"。

南宋绍熙（1190—1194）年间，泰邑龟岩（今浙江省泰顺县三魁）人张千二舍田建庙边古林禅寺。

明代

洪武三年（1370），南溪金氏始祖金大屋自龙岩迁徙至叠石南溪下叫洋观音堂开基，其后裔又迁至南溪苦竹洋定居。

永乐二年（1404），福鼎夏氏始祖夏章保，号万真，倦于戎马，归田以老，遂偕金氏夫人锭娘，挈长子景旻（世袭武德将军）、次子景清落屯建宁右卫，卜居长溪桐北十八都大嶂地方（编者注：大嶂，有说是今福鼎叠石乡楼下村大将自然村，待考），后迁居南溪村。

"明正统十年（1445），开采黄海、黄社（今称望海，在叠石乡茭阳村）二银坑，正统十四年（1449）废"（《福鼎县志》大事记）。清光绪年间成书的《分疆录》记载："明初开矿……其时银矿之在闽界者，曰马尾、曰马头、曰黄社。"可见，叠石乡境内，除了宋代的竹洋银硐外,明代叠石的荍阳、马尾一带也曾是银矿开采点。

天顺元年(1457),南溪夏氏三世祖荣公,号肇一,万真公孙,景旻公子三迁卜居福鼎塘底,为玉塘肇基始祖。

嘉靖三十八年(1559)七月,倭寇三千余人由福鼎桐山登陆,意图取道桐山古道进犯泰顺县城。泰顺泗溪生员林田闻讯,率乡勇于泰顺雅阳与福鼎叠石交界处排岭筑堡立寨,力战倭寇,但终因寡不敌众,力战身亡。事后,周斯盛(监察御史)奏请朝廷,封林田为"勇略大夫",兵巡道凌云翼在泰顺半地垟为其立庙祭祀,俗称"忠臣庙"。

神宗万历二十四年(1596),叠石望姓王姓始祖王洪四、洪七从赤岸迁徙叠石。

天启三年(1623),叠石苏山张姓始祖迁入苏山地界。

崇祯末年,何天鉴因避战乱,自福建上杭长汀先迁浙江温州府泰顺墓岭(今浙江泰顺县雅洋埠下石楼梯),不久迁居福鼎十八都荍阳,为何氏福鼎始迁祖。

清代

康熙年间(1654—1722),叠石石鼓岚吴氏始祖迁入。

康熙年间,庄贵官定居叠石苏家山。

浙江泰顺雅洋林荣官于清乾隆五十二年(1787),率工前往叠石乡境内的菰岭连接至闽浙两省交界处排岭(亦称牌岭)的桐山古道,于沿岭路旁一带密植松树,期至长大以作路荫,俾行人得避烈日炎威之苦。民国年间,这些松树径大的达到一丈二三尺,小者亦八九尺,已经大得路荫遮日之效用。

乾隆年间,寇氏允照、允休、允荼三兄弟,由泉州府永春州德化县仪林村迁十八都古林,后于道光元年(1821)复迁今庙边。

乾隆年间,苏国政(1770—1811)由叠石乡南溪石竹坑南迁居章头利洋(今叠石乡里湾村里洋)。

嘉庆年间(1796—1820),叠石南溪南贝金占脚卓姓入迁。

嘉庆年间,该村村民的祖先迁居到此时,在大路岭边种下一株柳杉,种下后,有一年还险遭刀斧之灾,村民们奋起护树,一些妇女围住树兜,表示"要砍树先砍人",才得以幸存。1998年,该树高38米,胸径160厘米,冠幅东西向17米、南北向22米,树干直到10米高处才分生枝杈,古有"百尺无寸枝"之誉。现在是福鼎最高大、最古老的柳杉王,被列入福鼎市生物多样性保护工程。

道咸年间(1821—1861),叠石里湾里洋自然村当地苏氏(苏国鈺四子苏家章与其子苏开行）两代人兴建苏氏古民居。

古林寺，在古林，建年无考。道光六年（1826），住持僧碧珠同里人董茂怡修。

道光己亥年（1839）、壬寅年（1842），苏山贡生张家粮在其母鼓励下，费尽艰辛，牵头集资，两度修筑闽浙两省重要通道叠石库口双溪口自然村碇步桥，至同治甲戌年（1874），此桥屡建屡废。

道光二十四年（1844），夏李坤、贡生张永炳等为"首事"（牵头人），集鼎太两邑（福建福鼎、浙江泰顺）力量，倡修永安桥，工程耗资较大。咸丰三年（1853），毁于洪水。后又重修，于咸丰十一年（1861）立碑纪念。

道光丙午（1846）春，福鼎儒生施得鼐到茭阳东水口祈神，倡修泗洲佛宫，茭阳何氏先祖紫庭公率何本荣等何氏族人于戊申年（1848）秋，建成佛宫并茭峰亭，便利行人。

咸丰元年（1851），苏山乡耆张兴庭子张仲龄中式贡元，同年，张仲龄兴建贡生府。

咸丰年间（1857），里湾贡生李朝资（1790—1861）引进、创办秀章马灯。

咸丰九年（1859，己未年），车头唐如聊（1779—1870），字正朋，号嘉宾，官名荫虞，由登贡郎例授仕元，立贡元旗杆。

同治五年（1866），杨梅溪坪路下自然村兴建建安亭。

同治七年（1868），叠石车头村唐姓兴建闽浙两省交界的泰福万年桥，方便两省居民来往。道光十七年（1837）重修。

同治八年（1869）十月十七日，叠石王氏后裔祖美、德嵩、德健、德姜同合族人重建马尾半岭亭。

光绪元年（1875），石鼓岚吴氏后裔吴斯然（1815—1899），牵头出资倡修马尾溪坪福泰桥并在桥畔建亭，三年（1877）春竣工。桥设24墩25孔，为当时福鼎至泰顺重要孔道。

浙江泰顺县坪溪一世祖董世昌，传至第十五世董严孚移居雅阳埠下，第十九世董廷採于光绪乙酉年（1885）在庙边古林村架屋安居，董廷採为古林董姓始祖。

光绪十三年（1887）十月，叠石王氏后裔祖赠同侄德标在玉石仰天湖兴修天湖寺。

光绪乙巳年（1905），吴氏后裔吴斯画与侄子吴钦节、吴钦龙一起再次重修马尾溪坪福泰桥，至1927年，吴钦节又捐资重修水毁的福泰桥，便利乡民。

宣统二年（1910），浙江金华浦江"金山戏笼"由浙江泰顺的守耕、守雨师傅传艺到邻近的福鼎乡镇。叠石竹洋"官衙雄"（有资料讹为"关爷雄"）木偶班是当时组建的5个福鼎提线木偶班第一代传人之一。

中华民国

1924年，南溪初级国民学校创办。

1925年，南溪乡南溪保属永安、惠济两石桥被洪水冲激坍塌。1927年移址于大路溪滩重新建造。1929年冬，工程告竣。

1930年，住持僧深经重建古林寺。

1930年9月，浙江泰顺匪首曾迩之聚众数百，分遣其党来扰。十八都南溪、茭阳、大山等乡坐索饷糈，旋来旋去。10月间，又欲率众来攻县治，人民闻讯，迁徙恐后。幸浙江省防军到泰攻击，匪始窜去。

1936年，丹峰村组织同善社，由第八区点头会首陈秉章（该会首逃台湾）派福安穆阳老卓坐轿来丹峰，伪装买烟，组织同善社，吸纳会员。后在仓边、包垟等地开坛，蒙骗群众近40人入会，因平阳大刀会失败，不敢暴动。福鼎解放后，该反动会道组织被取缔，会首及其他相关人员被判徒刑、管制。

1936年6月，时值青黄不接，群众面临饥荒。在浙南特委和瑞平泰中心县委领导下，鼎泰区发动上岙及其附近村庄100多名贫苦农民，冲到双溪口大地主家分粮，只半个小时就把粮食分完。

1936年7月9日，国民党福鼎县保安团派出两个连，到桐山西北的岭头、何坑、库口一带进行"清剿"。午后，在库口抓了两个群众带路，准备携带劫掠的物资返回福鼎县城，群众故意往青山岭一带走。刘英得知情报后，带领警卫战士和地方游击队组织了青山岭伏击战，打死打伤敌人30多人，缴获机枪1挺、步枪30多支、短枪1支，红军战士轻伤8人、牺牲1人。青山岭战斗后，国民党福鼎县保安团再也不敢轻易出动，闽浙边革命掀起新高潮。

1936年8月23日深夜，粟裕、刘英在熟悉福鼎的郑丹甫带队下，率部夜袭桐山城，取得胜利。事后，于山前村击毙作恶多端的告密者、南溪乡联保主任曾春木（告密导致红军战士牺牲）。

1936年10月13日，中共闽浙边临时省委书记刘英和师长粟裕率特务队和挺进师，在叠石乡境内取得仓边战斗大捷，全歼敌一个加强中队，毙敌20多人，俘敌副大队长陈达德以下官兵60多人，缴获轻机枪8挺、长短枪80多支、子弹15箱和一批手榴弹及一架望远镜。随后，14日起在淡竹洋（今叠石竹洋）召开军民联欢大会。17日，遭马尾白叶潭地方反动分子张阿顺告密，由于过于轻敌，导致淡竹洋战斗失利。敌闽保四团1000多人，兵分三路占领淡竹洋村后，将全村民房烧光。事后，省委书记刘英从省委机关拨出2000多银圆给淡竹洋村民重建家园。

1940年，茭阳国民学校创办。

1940年8月30日，南溪乡飓风大作，洪水为灾，遍地竟成泽国。保内田亩禾稼漂流达1500多担，地瓜苗约2700担，其他桥梁、道路及坝堤等被流甚多，灾情之重，损失之巨，实为从来所绝无而仅有，各保民众粮食因受灾害多属不能维持，哀鸿遍地。

1942年4月4日，浙南特委委员、组织部长兼任浙闽边区办事处主任王明扬，在福鼎岭头溪坪沙潭自然村（时属南溪乡鼓岚保管辖）遭到国民党福鼎便衣队和保安队的合围，中弹牺牲，时年30岁。

1942年4月25日下午1时许，福鼎山洪暴发，溪堤崩溃百丈，南溪等乡被淹没，灾情严重，亘古未有。

1942年9月，古林国民学校创设，作为茭阳保国民学校分校。

1943年5月12日，南溪乡乡长朱学通致电福鼎县政府，报告南溪乡属茭阳、南溪两保"日来时疫流行，病类麻豆，实则发斑，有或鼻孔出血，性若疯癫，患之者不治而死，为数颇多，因地处乡僻，延医购剂均感万难"，要求县里"饬派干医，携带救急药品，克日来乡施诊"。

1943年7月8、9两日及18、19两日，南溪乡发生两次水灾，受灾面积达1750亩，房屋崩压两座，碉楼崩压两座，禾稼漂流3000市担，地瓜苗漂流4000市担，堤坝冲流200多丈，其他小涧冲流20多处，里湾大桥冲毁十余丈，竹坑官与章峰溪兜碇埠均遭冲毁无遗，烟叶浸润百十市担，棉花荡流数万株，苎麻漂流数十万株，受灾民约1300户，人口约6000人，死亡3人。

1944年，南溪乡叠石、章峰国民学校创办。

1945年3月30日，福鼎县南溪乡原有碉堡调查表显示，南溪乡有玉石保3座，古林保（茶园）2座，共计5座碉堡，可容纳人数计170人。

1945年7月中、下旬，霖雨、山洪暴发，低地漂流，南溪番薯、花生受灾严重。9月10日，南溪乡遇台风，房屋倒塌27间，受灾1356户、2105人；秋禾脱粒收成仅七成，损失300万元（旧币）。

1946年，南溪乡流行疫疾，多犯儿童，罹病每未竟日即死。

1946年4月19日上午8时，南溪乡玉石保发生火灾，烧毁民房80多间、60多户，猪烧死20多头，粮食全部烧毁。农历九月初一上午三时至初三下午十时，南溪乡风雨灾，房屋倒塌4座，受灾389户、389人；受灾面积1692亩，稻谷损失1183担，堤坝冲垮一处。农历十二月十五日下午4时至5时半，南溪保失火，成灾原因是农妇均往田间赶作冬收，小孩无知在家玩火成灾，受灾面积2亩5分，烧毁房屋13间，受灾11户、52人。

1947年10月28日,浙南第三县队队长王烈评和教导员林永中率队从泰平区出发,首战福鼎县南溪乡公所告捷,计俘敌7人,缴获步枪7支。

中华人民共和国

中华人民共和国成立初期,库口村孙守颜和浙江平阳黄文豹合办新华木偶剧团,享誉闽浙边,兴盛一时,惜于"文革"中解散。

至福鼎解放时,叠石乡境内已有民兵六七百人。1949年6月11日,叠石民兵配合大军,解放福鼎县城。人民解放军进军福建时,老区人民并送劳军鞋1000多双和猪羊等食物,支援前线。

1949年6月,福鼎解放初期,全县划分为四区一镇。其中,第四区南溪(先设在南溪,后在库口)辖原南溪乡、西阳乡、贯岭乡。11月,全县划分为5个区,库口改为第五区。

1950年6月,福鼎区划在原5个区基础上进行整编,原第五区库口改为第八区。本月间,八区库口下了两次大暴雨,冲垮稻田47亩、地瓜30多亩,吹倒大树7株、房屋10座、瓦房6间。

1952年5月,区划变更中将第八区库口改为第十一区贯岭。当年全县夏荒普遍发生,十区三个乡最严重的大山、南溪、金溪乡缺粮户1191户,占总户数70%。

1953年3月7日下午起,第十区里湾乡演木偶戏至第三天,9日晚8点左右,因宋恒昌之妻举火把如厕,点燃茅厕,不幸失火,虽经乡干、民兵和群众的抢救,但遭受的损失仍然严重,被害者达十户21人,共烧毁楼房30间、谷子3100斤、地瓜丝5820斤,另有很多农具被烧。

1953年11月,库口中西医联合诊所成立。

1956年5月,华东地质局341队第一普查分队,根据群众报矿由张志良等前往福鼎叠石乡银硐地区踏勘并取样,揭开叠石会甲溪银硐地区蕴藏的矿藏宝库。

1957年,福鼎基督教在叠石茭阳、里湾设有聚会处。

1959年4月17日,据县委〔59〕60号文件通知,南溪公社与桐山、贯岭、库口四个公社并为桐山公社。

1959年,仓边大队(原仓边小公社)在老鸦石山场种植集体油茶林200亩,约26000株。

1961年5月31日—6月1日,福鼎全县划为10个区,其中,桐山区设里湾、竹洋、茭阳、苍边、库口、南溪等18个人民公社。

1965年,全县保留10个区、81个公社。南溪公社辖7个大队:南溪大队、坑里大队、金湖大队、楼岔大队、罗五大队、竹坑大队、古岭大队；里湾公社辖两个大队：里湾大队、杨梅溪大队；茭阳公社辖4个大队：上洋大队、下洋大队、古林大队、王海大队；仓边公社辖5个大队：仓边大队、丹峰大队、色洋大队、南往大队、车头大队；竹洋公社辖玉石大队、水仓大队、竹洋大队、银硐大队、鼓岚大队、马尾大队、楼下大队、炮丘大队；库口公社辖5个大队：库口大队、梅花岩大队、苏山大队、宫下大队、方家山大队。

1965年6—9月，茭阳创办茶业中学，实行半工半读，1966年停办。

1968年，《福鼎巨变》长篇报道被《人民日报》《福建日报》采用，产生较大的影响。报道记录首次在山区成功种植双季稻案例：海拔600米高的南溪公社玉石大队下厝生产队，1966年的小面积种植双季稻的成功经验。事后，县革委会根据继续调查结果，决定在福鼎全县推广改种双季稻。

1968年，全县设立12个人民公社革委会，84个管理区、大队、街道革委会。其中，桐山公社辖14个管理区、大队，仓边、库口大队划入（1968年8月26日，〔68〕鼎革批字第038号）；南溪公社设5个管理区，即南溪、里湾、竹洋、浮柳、茭阳。

1968年7月27日，经6731部队党委研究同意，福建省福鼎县革命委员会以〔68〕鼎革批字第024号批复成立南溪人民公社革命委员会。

1968年8月，南溪公社保健院成立（叠石卫生院前身），建院人数4人。

1969年2月21日，成立南溪公社教育革命委员会。

1969年4月3日，成立玉石茶业站革命领导小组。

1969年4月25日，成立南溪公社保健院革命领导小组

1970年全县设14个公社、216个大队、3153个生产队。其中，南溪公社辖南溪、车头、苍边、丹峰、苏山、楼下、竹洋、玉石、茭阳、里湾、库口11个大队。

1970年5月，普后至叠石公路（乡村公路）动工建设，为"民工建勤"形式修建，全长27千米，途经贯岭乡的透埕、排头村，叠石乡的库口、楼下、竹洋村，1975年6月竣工，1976年通客车，为山岭重丘区四级公路。

1970年8月，县投资84万元的车头电站建成，装机容量2台400千瓦电机，年发电量270万千瓦小时。

1972年3月9日，成立中共南溪公社粮站小组。

1972年春，闽浙两省车头村民兵联手修通从泰顺车头境内富洋山上引水的水渠，渠道长3000米，宽1.8米。为纪念两省友谊，渠道命名为"泰鼎民兵友谊渠"。渠道修通后，两省车头村都取得粮食亩产大提高。

1972年12月9日，福鼎县南溪水库工程指挥部成立，后为加强党的领导，又成立党委会。

1973年,福鼎县委、县政府在磻溪、南溪、管阳等偏僻山区开展福鼎县中华人民共和国成立以来第一次飞机播种造林。济南空军部队支援4架次飞机,飞行30多航次,播种造林10万亩。

1973年2月8日,南溪水库工程指挥部组织8000民工,分区划段包干,仅历时40多天,就筑成修通城关往坝区19千米施工道路。一期工程自1974年8月10日开始清基,至1983年5月建成坝顶交通桥止,工程历时近10年。1983年11月,成立福鼎县南溪水库管理处。

1977年冬,里湾林场开始筹办。至1979年1月中旬,正式完成万亩林造林任务并套种地瓜1000亩,套种黄豆7015亩;支援福清县杉树苗十万多株。

1979年,建成320千瓦双溪口一级电站,当时供电仅限叠石区机关和竹洋、楼下、苏山、仓边、茭阳等5个乡的照明等用电。

1979年4月,南溪公社开展"地甲病"普查。

1979年,叠石库口木偶剧团为当时全市29个木偶剧团之一。

1979年12月14日,南溪大队体制调整,分别成立南溪、岭脚、岔门三个大队。

1979年12月26日,成立南溪公社南溪大队管委会、支部委员会,成立岔门大队管委会、支部委员会,成立岭脚大队管委会、支部委员会。

1980年2月7日,成立南溪公社卫生院工会委员会,何朝山任主席。

1980年6月23日,成立南溪学区党支部,成立南溪卫生院党支部。

1980年7月6日,苏山大队队址搬迁到顶坪。

1981年3月12日,楼下、库口、竹洋、里湾、茭阳、丹峰、南溪、岔门、苏山等大队进行生产队划分。

1982年,库口大队医疗站被评为省卫生厅"先进医疗站"。

1982年夏,省博物馆王振镛、林公务(考古专家)考察南溪工地,发现玉塘夏姓先祖墓。

1983年,南溪水库管理处成立"渡船管理站"。

1983年1月1日,南溪公社更名为叠石公社。

1984年4月22日,召开公社两委成员会议,研究氡泉开发问题;5月10日,形成会甲溪氡泉调查报告。

1984年8月28日,苏山创办土产经销公司。

1985年4月,叠石中心小学附设初中班分校,改称独立初级中学。

1985年7月30日,成立中共福鼎县银硐矿山开发公司支部委员会。

1985年11月,福鼎县叠石乡茭阳小学教师雷华安被授予"全国边陲优秀儿女"

奖章。

1985年,"福鼎南溪水库"工程获1985年度水电部优质奖、1986年度获国家银质奖。

1986年1月28日,宁德行署计委、经委联合行文,发出"关于福鼎县银硐铅锌矿进行整顿的意见"。

1987年1月4日,成立中共叠石区企业支部委员会,撤销中共叠石区水电站、银硐矿山开发公司支部委员会。

1987年,茭阳村卫生所被评为省卫生厅"文明卫生所"。

1989年1月21日,增设庙边村民委员会。

1989年8月28日,成立叠石乡库口水电站成立。

1990年6月30日,新增设叠石林业工作站。

1990年8月14日,《闽东报》头版以文件形式刊登中共宁德地委《关于开展学帐干,赶"三洋"活动的决定》一文,正式在闽东大地掀起"闽东学三洋"("三洋"指福安坦洋、古田西洋、福鼎竹洋)活动。

1990年12月22日,叠石乡增设杨梅溪村村民委员会,1991年4月12日将杨梅溪村从里湾村析出。

1991年7月10日,福建省福鼎县叠石草席厂创办。

1991年7月15日,叠石乡村镇规划建设管理所成立。

1991年9月12日,福鼎县叠石五金铸造厂创办。

1991年9月12日,以叠政〔1991〕52号文,批复同意创办福鼎县叠石乡库口铸造厂(自筹资金5万元)。

1991年11月17日,注销叠石服装厂等4家亏损、倒闭集体企业营业执照。

1991年11月19日,成立福鼎县叠石茶叶采购站,为全民所有制企业。

1991年12月25日,福鼎县叠石五金铸造厂创办。

1992年4月12日,以叠政〔1992〕9号文,批复车头村委会,同意创办福鼎县精密铸造厂。

1992年5月6日,叠政〔1992〕12号文,同意以当地茶叶资源优势,创办福鼎竹阳蜜茶饮料厂。同年11月,企业更名为福鼎县蜜茶饮料厂。

1993年8月,茭阳小学附设初中创办。

1994年8月22日,叠石乡劳动服务站成立,为集体所有制单位。

1995年,福鼎基督教聚会处教派在叠石岔门自然村登记高墙聚会点,信徒人数达103人;南溪教会,登记信徒120人;茭阳教会,登记信徒200人;里湾外洋教会,登记信徒100人;官衙教会,登记信徒220人。

1996年6月5日，叠石司法所成立。

1997年，香港爱国同胞沈炳麟先生（浙江湖州人），从1990起至1997年先后资助修建澳腰、桥亭、果洋、东岐、沈青小学和叠石初中"同庆""恩美"教学楼。

1997年秋起，接福鼎人民政府批复，叠石初中改为福鼎市第十三中学。（市定改名标准：初中班数达12个，学生数达500人的中学）

1999年8月起，普玉线（桩号：K0+000—K14+550）动工进行油路改造，工程起点为国道104线K2020+200处，终于库口，路线全长14.55千米，路基宽4.5—5.5米，路面宽3.5—4.5米。

2000年9月15日，福鼎市水利水电局批复，鉴于电站股份性质变化，福鼎市车头二级水电站同意更名为"福鼎市双溪口电力有限公司"。

2005年1月24日，福鼎市发展计划局行文核准在叠石乡三井面建设三井面水电站，装机1600千瓦，年发电能500万千瓦时，投资1250万元，建设资金由股东筹集解决。

2006年9月16日，宁德市水利局在福鼎主持召开福鼎市车头水电站技改工程竣工验收会议。确认电站实际技改新增装机4×800千瓦。

2010年12月，《福建省温泉旅游发展规划》将叠石乡氡泉列入，定名为福鼎氡泉，并规划其为具有温泉疗养、运动健身、商务休闲于一体的氡泉养生度假地。

2011年8月30日，福鼎市《库口氡泉休闲旅游概念性规划》编制完成。

2012年6月18日，福建省环保厅批复，命名叠石乡为福建省第七批"福建省生态乡镇（街道）"，叠石乡库口村、茭阳村、竹阳村、苏山村、车头村为第五批"福建省生态村"。

2013年，王明扬烈士纪念大桥被公布为"福鼎市第四批文物保护单位"。

2014年11月4日，库口新大桥主体工程竣工。

2016年2月，竹洋村被福鼎市人民政府认定为"少数民族村"。

2018年5月11日，叠石乡进城就业创业服务中心(驻城党建工作站)举行揭幕仪式，正式开始运营，为进城群众（党员）提供服务。

2018年10月17日，叠石乡首届闽浙边界"孝老敬亲"生态文旅节暨"千年叠石关"体育嘉年华主题活动在叠石乡集镇所在地叠石村成功举办，吸引闽浙两地游客3000多人次。

2019年5月27日，福鼎35千伏叠石变电站顺利启动送电。

2020年11月19日，闽政文〔2020〕207号文公布"福建省第十批省级文物保护单位名单及保护范围"，叠石乡"竹洋银硐遗址""叠石关隘"，分别入选古遗址、古建筑保护名录。

2021年1月30日,叠石乡敬老院公建民营项目——叠石景蓝康养中心举行开业剪彩仪式。

2022年5月11日,福鼎市首个儿童关爱服务中心于叠石乡举行揭牌仪式。

宁德地区部分贫困乡主要矿产资源情况一览表

宁地计矿管〔1986〕02号文

本表所列各矿床（点）资料是根据1971年4月福建省冶金工业局《福建省矿产资源汇编（宁德地区）》和1/20万区域地质调查报告（福安幅、三沙镇幅、浮鹰岛幅、福州幅、浙江平阳幅、泰顺幅）以及近十多年来，省地质四队、各县地质小分队及本办对全区进行矿产地质普查勘探所提交的报告中，选择一些有开采价值的矿床（点）进行编制。

产地	矿产名称	地质工作程度	储量及级别 C+D级	地质储量	矿床（点）地质简况
叠石区	铅锌矿	详查			
银硐、十三间、三井面					矿体赋存于中石炭的钙质灰岩中，透镜状产出，全矿区共圈储97个矿体，其中1-3号矿体储量占总储量91.81%，其他89个矿体仅占总储量8.19%，平均 Pb1.48%，Zn1.88%，Cu1.02%，S14.26%，Ag41.8克，Cd0.015%，另外，银硐矿区尚有石灰岩与硅质灰岩与硅质灰岩成互层状产出，灰岩透镜体最大厚□米。灰岩单层厚度仅0.3米，拣块分析：CaO30%，最高达42%，估计储量100万吨左右，可用于烧制石灰。
铅（纯金属量）			8.05		
锌（纯金属量）			24.9		
铜（纯金属量）			0.5		
出生硫（矿石量）			148.71		
伴生银			0.0216		
伴生银			0.199		
曲坑－白石坪					
（成品标出后向管阳区联系销路）	泥灰岩	普查	18		泥灰岩夹于下—中石炭统千板岩中、呈层状产出，见两层白云质泥灰岩，由北向南逐渐变薄，延伸长225米，厚2—6米，平均厚4米，可采厚度0.8—2米，一般含CaO8.4—45.80%，平均37.7%，SiO$_2$26.23%，MgO0.74—2.14%，Fe$_2$O$_3$0.8—1.9%，该矿石因质劣，仅可作烧石灰，经选矿后，部分可作玻璃配料。

(续表)

产地	矿产名称	地质工作程度	储量及级别 C+D 级	地质储量	矿床（点）地质简况
银硐	泥灰岩	初查	176.61		泥灰岩夹于下——中石炭统中上部地层中，矿体呈似层状，透镜状，沿走向厚度变化大，可分为两个矿段。P1：长90米，平均厚24.6米。P2：长60米，平均厚17.6米，总厚度约100米。一般含 CaO25.65%、Al$_2$O$_3$0.76%、SiO$_2$51.14%、MgO0.71%、Fe$_2$O$_3$2.08%、泥质5—30%，含矿层均有较强硅化及黄铁矿化，质劣仅可烧制石灰。
里楼—王海	黄铁矿	初查	2		矿体产于石英斑岩与中石灰系地层接触地带中，矿化带长400米，宽20多米，尚有磁铁矿和铜矿化在石英斑岩中尚见有黄铁矿脉7条，长3—10米，宽0.3—1米，品位S14—25%，磁铁矿估计500吨，目前品位：Fe$_2$O$_3$40%
南溪长简垄	萤石	普查		数百吨	矿体产于英安质晶屑凝灰岩中，南侧为下——中石炭统的灰黑色千枚岩，矿体沿NW向张性断裂分布，由数条平行小脉组成脉带，脉带长34米，宽1.5米，单脉宽0.1—0.3米，脉间夹石英斑岩块，矿石呈果绿色紫色，共生石英，品位：CaF$_2$30.32%、SiO$_2$46.32%
南溪里湾	硅石	普查		2	石英脉长约100米、宽2米。目前品位：SiO$_2$98%左右
会甲溪	温泉	普查			温泉在会甲溪谷中，海拔190米，温泉出露在会甲溪NW向断裂碎带中，破碎带宽约数米，走向300度。温泉从三组小裂隙中溢出，分布面积15×10平方米，比较集中溢出范围为1.5平方米，水头高出水面，水深0.3—0.6米；泉水有较浓厚硫化气味，无色透明、矿化度0.4克/升，含气量15埃曼/升，含氟量20毫克/升，SiO$_2$70毫克/升，pH值7.9，总硬度1.487毫克当量。氡样分析：H$_2$S+CO$_2$0.6%，氧0.6—5.3%，泉水温度62℃以上，三细节理涌水量2升/秒；按化学成分分类为重碳酸－硫酸铂型，按地热温度分类为高温热水型，按医疗温度分类为过热泉型，在医疗上有良好疗效

叠石公社土壤普查报告书

叠石公社土壤普查工作于1981年10月初旬开始，至12月初旬结束。这次土壤普查工作是按《福建省第二次土壤普查技术规程》及《福建省第二次土壤普查工作分类暂行方案》进行的，经过各方面的共同努力，共普查耕地16753亩（其中水田10330亩，农地6423亩），茶园2028亩。共挖主要剖面542个，其中耕地主要剖面509个（水田385个，每个剖面点代表面积26.69亩，农地124个每个剖面点代表面积5264亩）；茶园剖面33个，每个剖面点代表面积61.45亩。总平均包括茶园耕地每个剖面代表面积34.56亩，取土样及比样盒标本各542个，绘制大队土壤图13份。整理出土壤地块登记表542张，同时写出各大队土普说明书13份。

现将全社土普情况及成果总结汇报如下。

叠石公社地处东经120度6分北纬27度21分，位于福鼎县西北部，距城关33千米，西北与浙江省交界，西南接管阳，东南与城关公社为邻，东北交贯岭公社。

山脉：主要是浙江省南雁荡山脉延伸部分。境内峰峦起伏，海拔变化较大。最高峰天顶岗962米，位于本社西部，中部竹阳南山675米，北部六斗岗716米。交通干线主要有竹阳—叠石—浙江泰顺公路，车头电站—浙江彭溪公社，贯岭—库口公路。

河流：主要为水北溪流系，在本社共形成两支流，由浙江省从北到南入境经车头—苏山—库口。一由浙江省西部向东南入境经叠石—南溪向东北至库口与另一支流合流向东面进入贯岭—城关境内，该流系全长43.40千米（其中南溪境内11.1千米），流域面积352.6平方千米。

本社属中热带海洋性季风气候区，公社所在地海拔570米，年平均气温15.3℃，四季明显，气温较其他公社为低。一年中冬季最长116天，夏季94天，春季83天，秋季72天，每年初霜日期大致在11月13日，终霜日期大致在4月7日，霜期146天，无霜期291天，极高温36.6℃，极低温－9.5℃（以历史上出现过为准）。春暖气温回升稳定通过10℃的一般在4月6日，平均4月2日，稳定通过12℃的一般在4月16日，平均4月12日。在此之前春寒频繁，气温不稳定。秋季气温低于22℃的时间一般在9月8日，平均9月13日（注：以上保证率80%）。关键界限温度（10—

22℃），从4月6日至9月8日止，其活动积温为3310℃；梅雨季节一般出现在5—6月份，平均降雨量在2018.5毫米左右，降水量一般集中于5—9月，共1327毫米，占全年降水量65.75%；年蒸发量1136毫米，干燥度0.65，属湿润状态。降水量大于蒸发量，土壤水分状况良好，有利于农作物生长。年日照时数小于1568，占可照时数近35%。

本社地貌基本属于高丘陵—低山类型，母岩以深灰色流纹质及英安质凝灰熔岩、凝灰岩夹英安岩、安山岩为主构成。部分地区如竹阳、里湾、南溪一带则以花岗斑岩、石英斑岩等构成，母质类型有坡积、冲积、二元（坡+冲）残积。

在不同海拔高度上耕地分布面积小于100米，水田269亩，占水田面积2.6%，农地56亩，占农地面积2.87%。100—200米，水田897亩，占水田面积8.68%，农地497亩，占农地7.73%。200—300米，水田1356亩，占水田面积13.12%，农地918亩，占农地面积14.29%。300—500米，水田5593米，占水田面积54.14%，农地3148亩，占农地面积49.01%。500—800米，水田2215亩，占水田面积21.44%，农地1804亩，占农地面积28.08%。

根据不同地形部分，垄田全社共2116亩，占水田面积20.48%；洋田575亩，占5.56%；梯田7639亩，占总面积73.14%；农地为坡地6367亩，占农地面积99.12%；平地56亩，占农地0.87%，详阅下表：

		海拔高度（米）									地形部位				
		<100		100—200		200—300		300—500		500—800		水田			农地
		水田	农地	水田	农地	水田	农地	水田	农地	水田	农地	垄田	洋田	梯田	坡地	平地
合计	面积	269	56	897	497	1356	918	5593		2245	1804	2116	575	7639	636	756
	%	2.6	0.87	8.68	7.73	13.12	14.29	54.14	49.01	21.44	28.08	20.48	5.56	73.94	99.12	0.49
叠石				10	50	28	70	563	105	481	715	186	112	784	940	
苏山				128		210	150	736	340	457	180	197		1334	670	
车头						95		288	74			181		202	74	
仓边						11		930	241			35	30	966	241	
丹峰						280		603	186			232	35	616	186	
库口		269	56	421		78		289	200			176	881	200	56	
楼下				188	280	259		613	227	40	100	169		931	607	
竹阳					35	112	103	394	388	172	404	167		511	930	
茭阳						31	70	719	930	433	315	356	202	828	1315	
里湾								424	387	632	90	510	20	526	477	
南溪				83	106	52	275	34	70			63		106	451	
岭脚				22	26		115							22	141	
岔门				45		11	135					20		135	135	

由于海拔变化较大，高山峡谷土壤侵蚀程度及水土流失比较严重。

土壤：自然土壤绝大部分是红壤，耕地土壤及茶果园绝大多数也由红壤坡积物经水耕或旱耕熟化形成。

植被：山区植被类型除了少量原生常绿阔叶林、槠等外，大面积为用材林，柳杉杉木—杜鹃、赤楠、冬青、山苍仔、乌药、中华野海棠—茅草、铁芒箕群落，一部分薪炭林，马尾松—木荷赤桉、乌药—芒箕骨群落。

本社具有丰富的水利资源——水利条件良好，全社建有水渠道74条，灌溉面积2700亩；山塘59个，灌溉面积950亩；水仓84个，灌溉面积712亩；水库7个，储水量41万方，灌溉面积158亩。较大的如仓边水库10万方，楼下山头洋80万方。根据土普野外调查，旱涝保收田（抗旱30天以上）2344亩，占水田面积的22.69%；易旱田（抗旱不足30天）7938亩，占水田面积76.84%。

水利灌溉方面：蓄水灌25亩，占水田灌溉面积0.24%；引水灌9898亩，占水田面积95.81%；望天田407亩，占水田面积3.93%。

（本文由福鼎市档案馆提供）

叠石乡名木古树统计表

古树编号	村	小地名	树名	科	属	生长场所	权属	东经	北纬	分布
3509822011153007	叠石村	水仓往大洋公路下	柳杉	杉科	柳杉属	远郊野外	集体	120°06′57″	27°23′36″	散生
3509822011153033	叠石村	王氏宗祠后竹林	枫香（枫树）	金缕梅科	枫香属	乡村街道	集体	120°06′11″	27°23′31″	散生
3509822011153034	叠石村	王氏宗祠后竹林	枫香（枫树）	金缕梅科	枫香属	乡村街道	集体	120°06′14″	27°23′30″	散生
3509822011153035	叠石村	王氏宗祠后竹林	枫香（枫树）	金缕梅科	枫香属	乡村街道	集体	120°06′14″	27°23′30″	散生
3509822011153036	叠石村	王氏宗祠后竹林	枫香（枫树）	金缕梅科	枫香属	乡村街道	集体	120°06′14″	27°23′30″	散生
3509822011153037	叠石村	永安桥头	枫香（枫树）	金缕梅科	枫香属	乡村街道	集体	120°06′15″	27°23′30″	散生
3509822011153038	叠石村	王氏宗祠溪边	枫香（枫树）	金缕梅科	枫香属	乡村街道	集体	120°06′15″	27°23′31″	散生
3509822011153039	叠石村	派出所边	蚊母树	金缕梅科	蚊母树属	乡村街道	集体	120°06′23″	27°23′36″	散生
3509822011153040	叠石村	派出所边土地公前	蚊母树	金缕梅科	蚊母树属	乡村街道	集体	120°06′23″	27°23′36″	散生
3509822011153041	叠石村	派出所边土地公后	蚊母树	金缕梅科	蚊母树属	乡村街道	集体	120°06′23″	27°23′36″	散生
3509822011153004	竹阳村	路口	枫香（枫树）	金缕梅科	枫香属	乡村街道	集体	120°07′38″	27°22′53″	散生
3509822011153005	竹阳村	洋尾	银杏（白果）	银杏科	银杏属	乡村街道	集体	120°07′30″	27°22′48″	散生
3509822011153006	竹阳村	洋尾	樟树（香樟）	樟科	樟属	乡村街道	个人	120°07′28″	27°22′50″	散生
3509822011153042	竹阳村	水尾宫	红豆树（花梨木）	豆科	红豆属	乡村街道	集体	120°07′30″	27°22′44″	散生
3509822011153043	竹阳村	半岭亭地主宫	南方红豆杉	红豆杉科	红豆杉属	乡村街道	集体	120°08′03″	27°22′38″	散生
3509822011153044	竹阳村	上楼	樟树（香樟）	樟科	樟属	乡村街道	集体	120°08′12″	27°22′51″	散生

估测树龄	是否分杈	胸围	地围	树高	平均冠幅	海拔	坡向	坡度	坡位	土壤	紧密度	生长势	生长环境	管护单位	保护现状
200	否	266	265	11	9	570	东南	15	下部	红壤	紧密	正常株	差	无	
200	否	352	430	23	19	593	东北	15	中部	红壤	中等	正常株	良好	王氏宗族	
100	否	229	297	20	10	590	东北	16	中部	红壤	中等	正常株	良好	王氏宗族	
100	否	179	210	19	7	490	东北	16	中部	红壤	中等	正常株	良好	王氏宗族	
120	否	267	349	21	10	490	东北	16	中部	红壤	中等	正常株	良好	王氏宗族	
100	否	177	201	14	11	580	无坡向	0	平地	红壤	紧密	正常株	良好	王氏宗族	
100	否	175	203	13	12	580	无坡向	0	平地	红壤	中等	正常株	良好	王氏宗族	
100	否	163	232	7	14	580	无坡向	0	平地	红壤	紧密	正常株	差	王氏宗族	
100	否	147	190	7	9	481	西	25	下部	红壤	中等	正常株	差	王氏宗族	
100	否	221	200	9	14	482	西	23	下部	红壤	紧密	正常株	良好	王氏宗族	
120	否	283	304	17	12	560	北	7	下部	红壤	紧密	正常株	良好	无	
140	否	238	240	12	7	550	无坡向	0	平地	红壤	紧密	正常株	良好	无	
100	否	187	208	15	13	550	无坡向	0	平地	红壤	紧密	正常株	良好	无	
150	否	307	310	10	15	530	南	15	下部	红壤	中等	正常株	良好	竹阳村委会	
200	否	230	240	18	10	482	南	20	中部	红壤	紧密	正常株	良好	半岭亭自然村	
100	否	201	234	9	11	460	东南	23	中部	红壤	中等	正常株	良好	上楼自然村	

（续表）

古树编号	村	小地名	树名	科	属	生长场所	权属	东经	北纬	分布
3509822011153001	库口村	库口厝后门	枫香（枫树）	金缕梅科	枫香属	乡村街道	集体	120°10′01″	27°23′23″	散生
3509822011153002	马尾村	柴栏脚厝边	枫香（枫树）	金缕梅科	枫香属	乡村街道	集体	120°08′36″	27°22′28″	散生
3509822011153003	马尾村	茶园边	枫香（枫树）	金缕梅科	枫香属	乡村街道	集体	120°08′33″	27°22′27″	散生
3509822011153008	苏山村	宫下新厝	米槠	壳斗科	锥（栲）属	乡村街道	集体	120°08′54″	27°25′04″	散生
3509822011153009	苏山村	宫下外厝	枫香（枫树）	金缕梅科	枫香属	乡村街道	集体	120°08′56″	27°25′00″	散生
3509822011153010	苏山村	宫下外厝	枫香（枫树）	金缕梅科	枫香属	乡村街道	集体	120°08′56″	27°25′00″	散生
3509822011153011	苏山村	宫下外厝	枫香（枫树）	金缕梅科	枫香属	乡村街道	集体	120°08′54″	27°25′01″	散生
3509822011153012	苏山村	宫下内厝路边	枫香（枫树）	金缕梅科	枫香属	乡村街道	集体	120°08′45″	27°25′01″	散生
3509822011153013	苏山村	宫下内厝路下	枫香（枫树）	金缕梅科	枫香属	乡村街道	集体	120°08′45″	27°25′01″	散生
3509822011153014	苏山村	上坪	柳杉	杉科	柳杉属	乡村街道	集体	120°08′29″	27°24′48″	散生
3509822011153022	苳阳村	店仔	苦槠	壳斗科	锥（栲）属	乡村街道	集体	120°05′15″	27°21′25″	散生
3509822011153023	苳阳村	教堂	蚊母树	金缕梅科	蚊母树属	乡村街道	集体	120°05′04″	27°21′33″	散生
3509822011152024	苳阳村	宗基后门山	苦槠	壳斗科	锥（栲）属	乡村街道	集体	120°05′08″	27°21′34″	散生
3509822011153025	仓边村	南往	枫香（枫树）	金缕梅科	枫香属	乡村街道	集体	120°11′39″	27°25′33″	散生
3509822011153026	仓边村	南往洋心	枫香（枫树）	金缕梅科	枫香属	乡村街道	集体	120°11′33″	27°25′35″	散生
3509822011153027	仓边村	社坑路边	枫香（枫树）	金缕梅科	枫香属	乡村街道	集体	120°11′06″	27°25′11″	散生
3509822011153028	仓边村	坑下	柳杉	杉科	柳杉属	乡村街道	集体	120°09′50″	27°24′33″	散生
3509822011153029	仓边村	村委会后门	枫香（枫树）	金缕梅科	枫香属	乡村街道	集体	120°10′15″	27°24′51″	散生
3509822011153030	仓边村	仓基上村	枫香（枫树）	金缕梅科	枫香属	乡村街道	集体	120°10′20″	27°25′11″	散生
3509822011153031	仓边村	仓基上村	蚊母树	金缕梅科	蚊母树属	乡村街道	集体	120°10′19″	27°25′12″	散生
3509822011153032	仓边村	仓基上村	椤木石楠	蔷薇科	石楠属	乡村街道	集体	120°10′19″	27°25′12″	散生
3509822011153045	竹阳村	石鼓岚	枫香（枫树）	金缕梅科	枫香属	乡村街道	集体	120°08′04″	27°22′01″	散生
3509822011153046	竹阳村	石鼓岚	蚊母树	金缕梅科	蚊母树属	乡村街道	集体	120°08′04″	27°22′01″	散生
3509822011153047	竹阳村	石鼓岚	蚊母树	金缕梅科	蚊母树属	乡村街道	集体	120°08′05″	27°22′01″	散生

估测树龄	是否分权	胸围	地围	树高	平均冠幅	海拔	坡向	坡度	坡位	土壤	紧密度	生长势	生长环境	管护单位	保护现状
170	否	317	348	19	18	75	东	6	下部	红壤	紧密	正常株	良好	无	
220	否	424	472	18	15	210	东北	12	中部	红壤	紧密	正常株	良好	无	
180	否	322	377	16	7	220	东北	15	中部	红壤	紧密	衰弱株	差	无	
150	否	337	354	10	11	425	南	25	中部	红壤	紧密	正常株	良好	无	
100	否	208	229	16	12	370	东南	23	中部	红壤	紧密	正常株	良好	无	
100	否	246	278	16	11	370	东南	23	中部	红壤	紧密	正常株	良好	无	
120	否	280	324	18	16	380	东南	18	中部	红壤	紧密	正常株	良好	无	
200	否	309	339	20	19	405	东南	20	中部	红壤	紧密	正常株	良好	无	
200	否	331	372	19	19	400	东南	18	中部	红壤	紧密	正常株	良好	无	
200	否	282	299	18	7	475	东南	30	中部	红壤	紧密	衰弱株	良好	无	
200	否	344	335	10	14	460	南	12	中部	红壤	紧密	正常株	良好	无	
200	否	335	338	9	14	470	西	18	下部	红壤	紧密	正常株	良好	无	
370	否	517	645	16	11	483	西北	22	中部	红壤	紧密	正常株	差	无	
150	否	375	465	22	17	384	东南	18	下部	红壤	紧密	正常株	良好	南往村委会	
100	否	219	240	13	13	380	无坡向	0	平地	红壤	紧密	正常株	良好	南往村	
150	否	385	390	24	19	342	东	23	中部	红壤	紧密	正常株	良好	傅氏宗族	
260	否	272	283	12	7	311	南	26	中部	红壤	紧密	衰弱株	良好	陈氏宗族	砌树池
200	否	392	486	22	23	380	南	18	中部	红壤	紧密	正常株	良好	陈氏宗族	
150	否	383	368	17	15	438	南	25	中部	红壤	紧密	正常株	良好	陈氏宗族	
100	否	206	253	9	9	439	无坡向	0	平地	红壤	紧密	正常株	良好	陈氏宗族	
100	否	287	265	11	14	438	无坡向	0	平地	红壤	紧密	正常株	良好	陈氏宗族	
100	否	215	232	19	10	410	东	35	中部	红壤	中等	正常株	良好	吴氏宗族	
100	否	190	224	18	6	410	东	35	中部	红壤	中等	正常株	良好	吴氏宗族	
120	否	245	260	17	12	410	东	30	中部	红壤	中等	正常株	良好	吴氏宗族	

（续表）

古树编号	村	小地名	树名	科	属	生长场所	权属	东经	北纬	分布
3509822011153048	丹峰村	龟仔山	枫香（枫树）	金缕梅科	枫香属	乡村街道	集体	120°10′46″	27°24′33″	散生
3509822011153050	茭阳村	王海三斗路下茶园	枫香（枫树）	金缕梅科	枫香属	远郊野外	集体	120°06′12″	27°21′43″	散生
3509822011153051	茭阳村	王海三斗后门	枫香（枫树）	金缕梅科	枫香属	乡村街道	集体	120°06′09″	27°21′48″	散生
3509822011153052	茭阳村	王海三斗后门	枫香（枫树）	金缕梅科	枫香属	乡村街道	集体	120°06′09″	27°21′48″	散生
3509822011153053	茭阳村	王海	糙叶树	榆科	糙叶树属	乡村街道	集体	120°06′05″	27°21′41″	散生
3509822011153054	茭阳村	王海土地宫	枫香（枫树）	金缕梅科	枫香属	乡村街道	集体	120°06′04″	27°21′37″	散生
3509822011153055	茭阳村	王海后山竹林	枫香（枫树）	金缕梅科	枫香属	乡村街道	集体	120°06′01″	27°21′40″	散生
3509822011153056	茭阳村	王海后山竹林	枫香（枫树）	金缕梅科	枫香属	乡村街道	集体	120°06′02″	27°21′40″	散生
3509822011153057	茭阳村	王海后面山竹林	枫香（枫树）	金缕梅科	枫香属	乡村街道	集体	120°06′02″	27°21′40″	散生
3509822011153015	庙边村	石桥头地主宫	柳杉	杉科	柳杉属	乡村街道	集体	120°05′05″	27°22′39″	散生
3509822011153016	庙边村	古林风景桥	枫香（枫树）	金缕梅科	枫香属	乡村街道	集体	120°05′41″	27°22′12″	群状
3509822011152017	庙边村	古林风景桥	苦槠	壳斗科	锥（栲）属	乡村街道	集体	120°05′41″	27°22′12″	群状
3509822011153018	庙边村	古林风景桥	枫香（枫树）	金缕梅科	枫香属	乡村街道	集体	120°05′41″	27°22′12″	群状
3509822011153019	庙边村	古林风景桥	枫香（枫树）	金缕梅科	枫香属	乡村街道	集体	120°05′41″	27°22′12″	群状
3509822011153020	庙边村	古林63号厝边	苦槠	壳斗科	锥（栲）属	乡村街道	集体	120°05′40″	27°22′11″	群状
3509822011152021	庙边村	马仙娘宫尾	枫香（枫树）	金缕梅科	枫香属	远郊野外	集体	120°05′15″	27°22′19″	散生
3509822011153049	南溪村	阳头公路边	樟树（香樟）	樟科	樟属	乡村街道	集体	120°06′04″	27°20′41″	散生
3509822011153058	茭阳村	石佛宫	苦槠	壳斗科	锥（栲）属	乡村街道	集体	120°05′37″	27°21′35″	散生
3509822011153059	茭阳村	石佛宫	苦槠	壳斗科	锥（栲）属	乡村街道	集体	120°05′37″	27°21′35″	散生

估测树龄	是否分杈	胸围	地围	树高	平均冠幅	海拔	坡向	坡度	坡位	土壤	紧密度	生长势	生长环境	管护单位	保护现状
100	否	257	262	17	15	406	东南	25	中部	红壤	紧密	正常株	良好	丹峰出和	无奈
150	否	319	361	20	25	253	东南	25	中部	红壤	中等	正常株	差	兰氏宗族	
120	否	279	294	13	15	284	东南	23	中部	红壤	紧密	正常株	良好	兰氏宗族	
120	否	309	327	21	19	284	东南	23	中部	红壤	紧密	正常株	良好	兰氏宗族	
100	否	271	332	15	13	319	东南	25	中部	红壤	中等	正常株	良好	王海自然村	
100	否	240	250	19	11	304	无坡向	0	平地	红壤	紧密	正常株	良好	王海自然村	
120	否	284	328	22	18	329	东南	26	中部	红壤	中等	正常株	良好	王海自然村	
250	否	395	500	24	19	329	东南	23	中部	红壤	中等	正常株	良好	王海自然村	
100	否	192	217	22	13	329	东南	23	中部	红壤	中等	正常株	良好	王海自然村	
270	否	334	365	13	11	600	无坡向	0	平地	红壤	紧密	衰弱株	差	无	
200	否	313	354	17	15	575	无坡向	0	平地	红壤	紧密	正常株	差	无	
370	是	670	670	11	12	575	无坡向	0	平地	红壤	紧密	正常株	差	无	
200	否	337	418	22	11	575	无坡向	0	平地	红壤	紧密	正常株	良好	无	
100	否	242	257	18	11	575	无坡向	0	平地	红壤	紧密	正常株	良好	无	
150	否	349	331	8	10	585	东南	28	中部	红壤	紧密	衰弱株	良好	无	
300	否	398	429	22	16	570	西北	25	中部	红壤	紧密	正常株	差	无	
100	否	203	230	17	14	163	无坡向	0	平地	红壤	紧密	正常株	良好	夏氏宗族	砌树池
100	否	188	230	8	9	434	东南	26	中部	红壤	紧密	正常株	差	芝阳村委会	
100	否	189	220	11	12	434	东南	23	中部	红壤	紧密	正常株	差	芝阳村委会	

（续表）

古树编号	村	小地名	树名	科	属	生长场所	权属	东经	北纬	分布
3509822011153060	茭阳村	石佛宫	枫香（枫树）	金缕梅科	枫香属	乡村街道	集体	120°05′37″	27°21′35″	散生
3509822011153061	茭阳村	石佛宫	苦槠	壳斗科	锥（栲）属	乡村街道	集体	120°05′37″	27°21′35″	散生
3509822011152062	杨梅溪村	厝基里山边	枫香（枫树）	金缕梅科	枫香属	乡村街道	集体	120°03′26″	27°20′34″	散生
3509822011153063	里湾村	岔门白马明王	枫香（枫树）	金缕梅科	枫香属	乡村街道	集体	120°04′52″	27°19′45″	散生
3509822011153064	里湾村	长干垄	枫香（枫树）	金缕梅科	枫香属	乡村街道	集体	120°05′12″	27°20′14″	散生
3509822011153065	里湾村	长干垄	木荷	山茶科	木荷属	乡村街道	集体	120°05′12″	27°20′14″	散生
3509822011153066	里湾村	长干垄	蚊母树	金缕梅科	蚊母树属	乡村街道	集体	120°05′12″	27°20′14″	散生
3509822011153067	里湾村	长干垄	蚊母树	金缕梅科	蚊母树属	乡村街道	集体	120°05′12″	27°20′14″	散生
3509822011153068	里湾村	长干垄	柳杉	杉科	柳杉属	乡村街道	集体	120°05′11″	27°20′11″	散生
3509822011153069	里湾村	外洋公路边	樟树（香樟）	樟科	樟属	乡村街道	集体	120°05′05″	27°20′01″	散生
3509822011153070	里湾村	外洋公路边	樟树（香樟）	樟科	樟属	乡村街道	集体	120°05′05″	27°20′01″	散生

估测树龄	是否分权	胸围	地围	树高	平均冠幅	海拔	坡向	坡度	坡位	土壤	紧密度	生长势	生长环境	管护单位	保护现状
100	否	200	213	17	15	434	东南	23	中部	红壤	紧密	正常株	良好	茭阳村委会	
120	否	261	305	10	12	434	东南	23	中部	红壤	紧密	正常株	差	茭阳村委会	
300	否	426	652	28	24	595	无坡向	0	平地	红壤	紧密	正常株	良好	杨梅溪村委会	
100	否	230	250	18	18	485	南	18	中部	红壤	紧密	正常株	良好	里湾村委会	
150	否	337	366	24	23	380	东南	26	下部	红壤	紧密	正常株	良好	里湾村委会	
100	否	217	209	12	9	380	东南	26	下部	红壤	紧密	正常株	良好	里湾村委会	
100	否	201	199	15	8	380	东南	26	下部	红壤	紧密	正常株	良好	里湾村委会	
100	否	200	205	15	8	380	东南	26	下部	红壤	紧密	正常株	良好	里湾村委会	
100	否	220	231	14	9	384	东南	22	下部	红壤	紧密	正常株	良好	里湾村委会	
100	否	169	179	16	11	410	东南	18	中部	红壤	紧密	正常株	良好	里湾村委会	
100	是	197	320	18	17	410	东南	18	中部	红壤	紧密	正常株	良好	里湾村委会	

（本表由蔡明勇根据2015年林业调查资料整理）

叠石乡石刻、古建汇总一览表（清代、民国）

形成年代		位置	名　称	碑文或石刻文字	现状
清代	道光丙申年（1836）	竹洋村	石鼓岚村大元宝石刻石	道光丙申年立 吴永利号记置	现由吴氏后裔保管
	道光十七年（1837）	车头村	车头泰福桥		
	道光廿二年（1842）	苏山村	双溪口碇步碑		已被盗
	道咸年间	里垟村	苏氏古民居		基本塌圮
	咸丰元年（1851）	苏山村	苏山张氏古民居大门隶书对联	家在廉泉让水间，人游舜天尧日里	
	咸丰九年（1859）	车头村	车头唐姓贡生府第前棋杆石		
	咸丰十一年（1861）	南溪村	重修永安桥碑记		南溪水库修建，碑现存福鼎玉塘夏氏宗祠
	同治五年（1866）	杨梅溪村	建安亭路亭		路亭顶已坍塌，石墙在，大木构件腐朽
	同治七年（1868）	车头村	泰福万年桥碑		
	同治甲戌年（1874）	苏山村	重建仙福桥记		
	光绪七年（1881）	车头村	车头村唐姓贡生府第前棋杆石		已被盗
	光绪年间	马尾村	福泰桥碑	捐资人信息	
民国	不祥	叠石村	民国县长王道纯题诗碑	四山忽敞桃园地，一水潆洄玉石颠。携鹤几人曾到此，数来今日尚无先。	存叠石村王氏宗祠
	1919	庙边村	古林寺奉宪示禁碑	寺产的四至和山林的所有权	
	1930	南溪村	永安桥、惠济桥碑记及修桥捐资题名碑	建桥简史、捐建人姓名、捐金等信息	南溪水库修建，碑被福鼎玉塘夏氏族人移至宗祠保管
	1939	芡阳村	排岭闽浙两省分界碑	浙江省泰顺县、福建省福鼎县县界	

（本表由蔡勇明整理）

基于 TDIS 框架下的叠石乡旅游形象塑造策划

蔡勇明

一、福鼎市叠石乡旅游发展现状分析

1. 基本概况

福建省叠石乡位于福鼎市西北部,距市区 28 千米,东北与贯岭镇、浙江省泰顺县彭溪镇接壤,西北与浙江省泰顺县雅阳镇交界,东南邻桐山街道,西南与管阳镇相接,浙江省 58 省道穿越集镇。距浙南承天氡泉仅 2 千米。全乡 5900 多户,总人口 21000 多人,其中畲族人口 850 人。苍边、车头、苏山、叠石、庙边、茭阳、杨梅溪等 7 个行政村与浙江省交界。全乡土地面积 79.67 平方千米,耕地面积 16700 多亩,其中水田 9640 多亩,旱地 7070 多亩,人均耕地面积 0.77 亩。乡政府驻地在叠石村。

叠石乡 2012 年获批为省级生态乡镇、2015 年获批为省级文明单位。国家级生态乡镇现也已通过考核。叠石乡是个边界旅游乡。春天芳草绕甸,欣欣向荣;夏天绿树成荫,清凉舒爽;秋天红叶满地,高天流云;冬天白雪皑皑,银装素裹,是休闲旅游、散心度假的好地方。

2. 主要旅游资源

叠石乡系福鼎市城区 50 万人口的饮用水涵养地。境内无工业污染源,常年颐养深闺,地揽山水之胜,民风淳朴,拥有丰富的自然资源景观和深厚的历史人文景观,旅游资源堪称丰富。

福鼎市叠石乡主要旅游资源点一览表

	景点名称	特　点
1	叠石关、防御墙残迹	五代十国闽王王审知时期(862—925)修筑的关隘。《方舆纪要》载:"叠石、分水二关,俱闽王时筑,以备吴越。"
2	会甲溪峡谷	号称"华东第一大峡谷"。浙江省泰顺县承天温泉"氡泉"泉眼就位于峡谷内,谷内风景绮丽,飞瀑、古树众多,并留有一段清幽静美的古道。
3	库口峡谷	赏红叶佳地,还可以看到大量冰川时代的遗——形态各异的冰臼。
4	南溪水库	系福鼎市第一座集发电、灌溉、防洪、供水综合利用于一体的中型蓄水工程。溢洪时壮观的人工飞瀑及下游形成的双彩虹让人过目不忘,库中出产的野生淡水鱼,肉质鲜美,是一道佳肴;库区宽广的湖面风光,媲美大金湖景致。

（续表）

	景点名称	特　点
5	古林寺	始建于南宋庆元六年（1200），距今800多年。
6	竹洋村古银硐	北宋淳熙年间（1174-1189）政府开采白银留下的古矿洞遗址，洞中蝙蝠众多也是一道奇观。
7	叠石村王氏古建筑群	王氏族谱记载其先祖系王羲之后裔。叠石王氏宗祠中有民国福鼎县令王道纯题咏叠石风光的勒石碑刻一通。
8	苏山村张姓贡生府第	古碇步桥、百年贡生府第（建于1851年），仿温州张阁老（明内阁首辅张璁）宅邸建造；正厅磉石雕镂文房四宝花饰，磉根镂饰莲花六瓣，做工精细、梁雕窗饰雅致程度均超翠郊古民居，颇具文物和观赏价值。
9	苏山苏景园	投资近千万元的休闲农庄，集种植、养殖、住宿、餐饮、游赏于一体的户外运动休闲场所。
10	库口孙氏古民居	五座连体、蝉嫒毗邻、鹅卵石砌基的明末清初建筑物。
11	里湾苏氏古民居	近150年的清代地方富豪四合院，占地面积近4亩。古民居木雕精细，做工考究。
12	桐山古道	桐山古道系古代连通闽浙两省的重要民间通道；2015年福鼎市"最美徒步线"评比第一名。
13	地方特产（小吃）：水库鱼、兔子粑、咸猪蹄、土豆饼、花菜干	富有特色的小吃、地方土特产品。
14	红色遗迹：红军挺进师遗址（淡竹洋战斗遗址、仓边战斗遗址、杨梅溪红军遗冢）、王明扬烈士纪念大桥	第二次国内革命时期重要战斗遗迹；王明扬烈士纪念大桥被列为县级文物保护单位（近现代重要史迹及代表性建筑）；刘英、粟裕领导的红军挺进师战斗遗址。
15	樱花赛道	2015年福鼎市"最美骑行线"评比第一名，闽浙边最美樱花骑行线。花开时节，红、白色的樱花与骑手相映成趣，也是一道靓丽的动静结合的风景线。
16	普玉线沿线自然风光	管丘云海、岭凹梯田、炮丘茶园、人工湖风光、珍稀古树（百年古银杏、红豆杉、红豆树）、天然高山杜鹃林
17	车头峡谷、古宫庙、古戏台	古冰川遗迹和大量明清时期的乡土建筑群
18	庙边明清古民居建筑群	体量较大的明末清初董姓建筑群
19	提线木偶、手偶表演	福建省级非物质文化遗产
20	库口氡泉	列入2010年《福建省温泉旅游发展规划（2011-2020）》的项目

3. 现行旅游发展存在问题

一是对旅游资源缺乏主动开发意识。比如，会甲溪氡泉"泉眼"，与叠石乡近在咫尺。通过对这口小"泉眼"的运作，浙江省泰顺县把当地旅游产业搞得风生水起。反观叠石乡库口村，经多轮地质勘探，都声称找到泉脉。尽管这个项目2010年就被列入《福建省温泉旅游发展规划（2011—2020）》，但限于种种原因（主要碍于乡财），至今尚停留在一纸规划上，而同期列入规划的宁德市古田桂花谷温泉已建成营业。

二是对旅游资源缺乏强烈的保护意识。叠石乡拥有众多旅游资源，有从五代十国时期至明清时期各式文物（叠石关关隘残迹等遗迹、古建），还拥有涉台文物（叠石王氏宗祠中民国福鼎县令王道纯题词碑等），但因牵扯到保护经费落实等种种原因，仅有王明扬烈士纪念大桥，因为是现代重要史迹及代表性建筑的原因被列入县级文物保护单位外，其余都没有利用法律手段保护好。该申报、申请列为文物保护单位的，

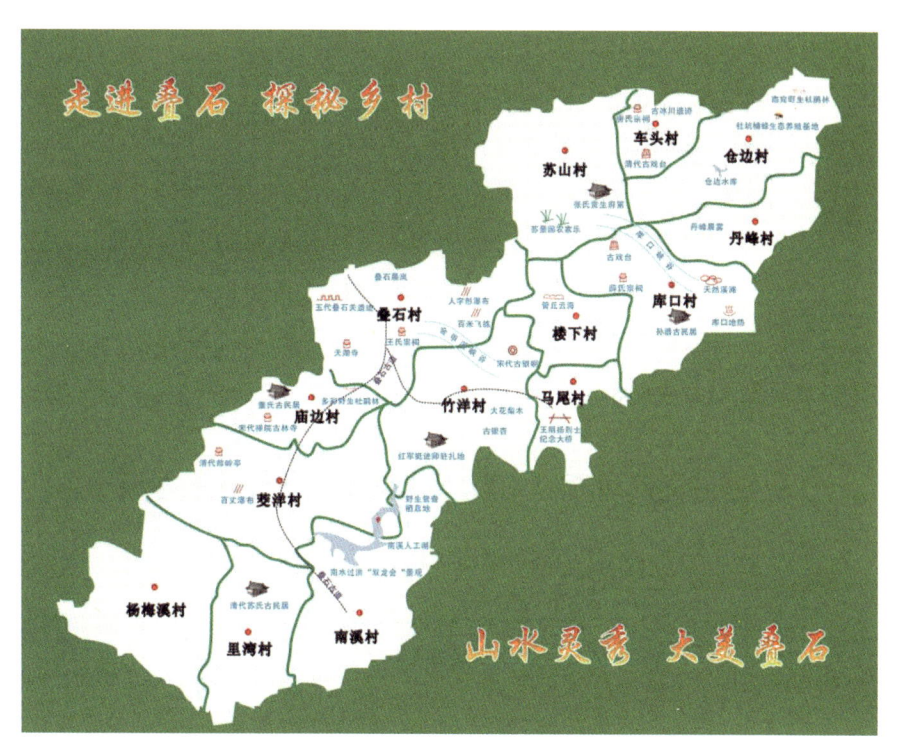

叠石旅游示意图（蔡勇明 制图）

却没有积极申报，已造成惨痛损失，如庙边村宋代古林寺前一幢古石塔失窃、五代十国时期叠石关古防御墙所在地被任意开山炸石、古城墙砖石被拆毁拿去垒砌茶园以及各村古建被任意拆毁、重建等事件时有发生，但却因都不是文保单位而无法获得法律强有力的保护。

三是旅游项目存在着小、散、弱、差现象。缺乏较大知名度和较强影响力的精品旅游项目，基础设施建设滞后、市场规模偏小，标准化建设有待加强，综合效益不高。旅游道路、水电、网络等不够完善，乡村旅游资源零落分散，可通达性较差。像苍边村南宛自然村生态养蜂场，景区内管理房、景观房、观景平台齐备，但是进入景点连一条达标的景区公路都没有；苏山村苏景园经营十几年，至今还停滞在小型家族农庄、低端农家乐阶段。在餐饮、住宿、娱乐、安全、卫生、信息等方面管理都不够规范，服务水平有待提高。乡中至今天尚无一家完全合格达标、证件齐全的旅游住宿、餐饮场所，旅游公厕也仅有一家。

四是对"革命老区"的宣传没有用足、红色旅游资源没有用好。叠石乡是个革命老区，拥有众多的红色旅游资源，比如，竹洋村有红军挺进师驻地遗址；丹峰村、苍边村有载入《福鼎县志》的龟仔山大捷遗址；马尾村有王明扬烈士纪念大桥；杨梅溪村有红军烈士遗冢，等等。这些同时期、同类型、相关联的红色旅游资源在浙江省泰顺县（建有红军挺进师纪念馆）和福鼎市贯岭镇（建有红茗洋纪念馆）都有不同程度的开发、宣传、利用，而且给他们带去不同程度的实际收入，发挥着不同程度的作用（有形和无形的），而这些资源在叠石乡的开发、利用却几乎为零。

五是经济总量偏小、财政收入渠道单一。乡财收入主要靠几个小水电站发电收入，2016年库口电站经技改增容后，乡自有财力可动用部分才约达320万元。因此，乡财还属"吃饭财政"，这直接导致在乡村旅游资金支持上无法扶持到位。比如，"美丽乡村"建设的配套资金缺口大。每年真正可以投入旅游基础设施的资金都不多，单靠乡财自身力量，要想让其在旅游投入上有大手笔、大作为，很难！

二、旅游区形象系统（TDIS）理论综述及其基本概念

1. 旅游区形象系统理论综述

旅游地形象是旅游学术界最为热门的话题之一（Pike，2002）。根据 ProQuest Digital Dissertation（博硕士论文文摘数据库），美国至2003年已经有18篇旅游地形象方面的博士论文。20世纪90年代以来，CIS被国内学者借鉴应用到旅游地形象策划方面，至今被广泛应用。陈传康、保继刚等国内学者最先对旅游地形象策划做出研究和探讨。1998年，吴必虎撰写了国内第一篇以旅游地形象为主题的博士论文。1999年，李蕾蕾出版了中国第一本系统探讨旅游形象的专著——《旅游地形象策划：理论与实务》。2002年10月，陆林教授也出版了《旅游形象设计》一书。至此，旅游地形象策划的研究走向了成熟化。郭英之（2003）回顾旅游感知形象的国内外研究，指出，国内的研究主要是在定性研究基础上的形象策划，"主要为地方政府和社会战略提出建议和对策"。2004年起，旅游学术界还出现《延安旅游开发的SWOT和CIS分析》（2004，马耀峰、陶丽莉）、《元谋旅游开发的SWOT和CIS分析》（2007，蔡葵、鲁昆洪）、《基于SWOT分析与CIS的西安旅游形象策划》（2015，马瑛）等这样的旅游地形象理论与战略分析工具相结合探讨搞好一个地级市、县级地方旅游地形象的论文。近几年，甚至还出现探讨一个风景区或者一个村旅游地形象的论文。比如，《基于崀山游客旅游形象感知的形象重塑和传播研究——博客＋文本挖掘法》（2015，陈志军、杨洪、刘嘉毅、伍新叶）、《汝南梁祝故里旅游区旅游形象策划及营销探讨》（2011，韩笑）、《乡村旅游形象系统策划——以黟县深冲村为例》（2007，张明珠、卢松、陈思屹、管兵中）。可见，旅游地形象理论已被旅游学界广泛运用并被大量使用于指导相关旅游实践。

2. 旅游区形象系统

该系统是受企业CIS策划的启发和广告业的影响带动,以及国内旅游业的迅猛发展和强大的市场竞争等综合因素作用下,在对旅游地和旅游景点传统意义的认识基础上形成一种全新的形象识别和营销系统。它是通过大众传媒、旅行中间商、形象代言人、知名人士和社会舆论等媒介将形象信息传送给区域内外公众,影响其态度,进而影响其行为,最终被旅游者所接受和认识,从而形成他们心目中的主观形象。

3. 旅游区形象

一般认为是旅游者、潜在旅游者对旅游地的总体认识与评价,也是旅游地在旅游者与潜在旅游者头脑中的总体印象。在当今激烈的旅游市场竞争中,形象塑造已成为旅游地占领市场制高点的关键。旅游产品的不可移动性决定了旅游产品要靠形象的传播,使其为潜在旅游者所认知,从而产生旅游动机,并最终实现出游计划。国内外的旅游研究表明,旅游地形象是吸引旅游者最关键的因素之一,"形象"使旅游者产生一种追求感,进而驱动旅游者前往旅游地。良好的旅游区形象设计,不仅能提高该旅游区的经济收入,而且能提高旅游区形象,吸引更多的游客来此参观,并进行其他相关的经济活动。

4. 旅游区形象系统的组成

旅游地识别系统(TDIS)是对与旅游形象有关的要素进行全面系统的规划设计,并通过全方位的、多媒体的统一传达,塑造出适合旅游地的形象,以谋取旅游者认同的旅游形象战略系统。旅游区形象系统由三部分组成,即理念识别系统MIS(Mind Identity System)、行为识别系统BIS(Behavior Identity System)和视觉识别系统VIS(Visual Identity System),其中,理念识别系统为旅游形象设计的核心内容,能够生活、鲜明地展示旅游资源的特色及所蕴含的文化内涵特征;视觉识别系统指的是旅游地最突出的视觉景观实体设计,是由经典本身的视觉造型来体现的;行为识别设计是理念识别系统的具体化表现,主要包括旅游管理形象、公益形象和服务形象等。

三、叠石乡旅游形象的定位

1. 地理区位分析

福建省福鼎市叠石乡位处闽浙两省交界处,境内年平均气温16.7℃,常年温暖湿润、季风交替明显、四季分明、雨水充沛,属于亚热带海洋季风气候。这里峰峦叠嶂、沟壑纵横、山溪蜿蜒,常年多云雾。叠石乡坐拥福鼎市最大的人工湖面——南溪水库。由于全乡皆属福鼎市城区饮用水涵养区,因此没有重工业、污染性企业,空气清新,各项指数绝佳。叠石乡海拔最高处只有800多米，全乡平均海拔约500—600米，福鼎的母亲河桐山溪上游多数在叠石乡范围内，通乡公路依山伴溪修建，多样的自然地貌使得沿溪两岸适宜开展多样性的户外体育运动：骑行、徒步、溯溪、跑步、游泳、攀岩、露营……叠石乡近几年连续举办闽浙边山地自行车爬坡赛。许多福鼎城区骑行爱好者、长跑爱好者均将通乡公路普玉线作为日常健身锻炼的好去处。徒步旅行爱好者也经常选择叠石乡境内的"桐山古道""会甲溪古道"开展"一日徒"等活动。根据叠石乡自然资源禀赋，可以将其地理区位概括为"适宜开展多样山地户外运动的旅游休闲集镇"。

2. 人文脉络分析

文脉是一种综合的、地域性的自然地理基础、历史文化传统和社会心理积淀的四维时空组合，因而常把文脉作为旅游形象内容的源泉。

随着社会的发展，城市居民的生活节奏越来越快，压力越来越大，也越来越向往宁静安逸、清新质朴的田园生态风光，以满足其休闲度假的需求；而叠石乡秀美的自然山水风光、良好的原始生态环境、深厚的文化积淀，使之成为旅游主要的吸引力之一，新农村风貌和绿色生态体验是叠石乡旅游发展的文化主线。

叠石乡颐养深闺，据山水地形之胜，自然景观朴野天成，村落影影绰绰，民风淳朴，历史厚重。叠石乡在县志中最早见于文字的是五代十国时期闽王王审知时期（862—925）的叠石关；南宋梁克家编撰的《三山志》是我国较早的郡志之一，书中记载北宋熙宁年间（1068—1077）叠石乡竹洋村银硐自然村开采白银矿的史实；庙边村留有一南宋庆元六年（1200）始建的古代寺院——古林禅寺；叠石村王姓族谱记载，他们系书圣王羲之后裔；苏山村（张氏贡生府第）、里湾村（苏氏古民居）、庙边村（董姓古民居）、车头村（古戏台、唐姓贡生府第）均发现体量较大、数量众多的明清时期古建筑，杨梅溪等村也发现数量众多的古桥梁（碇步）、古宫庙等遗存。此外，乡中至今天还活跃着一支民间艺人组成的表演福建省非物质文化遗产——提线木偶的表演剧团。第二次国内革命战争时期、抗战时期、解放战争时期,这里还活跃过刘英、粟裕等领导的红军挺进师等红色革命武装。

叠石乡与浙江省泰顺县山水相依，很多村落、土地犬牙交错，地块你中有我、我中有你，当地百姓戏称"插花地"。泰顺县彭溪镇有个车头行政村，一溪之隔、以桥为界的叠石乡境内也有一个同名的行政村。浙江省饮誉中外的木拱廊桥距离叠石乡只有一步之遥，浙江省著名的承天"氡泉"，其泉眼其实是两地居民共有的财富。泉眼所在的会甲溪大峡谷，号称华东第一大峡谷，贯穿两地居民土地，也是上下游相接壤。两地语言相通，都在讲同一种方言：泰顺腔的闽南语。这里的居民还互相通婚，拥有相同的宗教信仰和风俗习惯，比如，都崇尚道教。泰顺县清代著名的志书《分疆录》中就提到叠石乡竹洋村的古银硐。这本书还记载两地民众曾在叠石乡茭阳村排岭共同抗击倭寇的入侵。因此，在讲到叠石乡的风光抑或泰顺县的美景，其实在两地都可以找到相类似的旅游资源。根据叠石乡的人文脉络，可以将其归纳为"适宜开展边界旅游、旅游资源联动、互补的乡镇"。

3. 叠石乡旅游形象总体定位

通过以上分析，综合叠石乡的地理区位与人文脉络因素，叠石总体旅游形象定位应该凸显——以自然生态风光为基础，以观光休闲农业、山地自行车运动为抓手，集观光休闲、户外运动、度假养生、文化创意、参与体验、摄影、美术写生等为一体的边界旅游乡镇。

四、叠石乡旅游形象系统策划

1. 理念识别系统（MIS）设计

旅游区形象的理念识别是指得到社会普遍认同的，体现旅游地自身个性特征的，促使旅游地正常运作及长足发展而构建的价值体系，也是一个旅游地与其他旅游地的特色和差异。

（1）整体形象定位

理念识别是 TDIS 的灵魂，对叠石旅游业的发展具有战略意义的指导性。叠石乡旅游形象的设计，以叠石乡自然旅游资源、人文旅游资源、历史传统形象和现实人群感知等方面入手，综合地理区位、人文脉络的综合延续性感知特点，设计其总体旅游形象。从叠石自然旅游资源的角度看，"山水叠石"是其总体形象特征；从人文旅游资源的角度看，以明清古建、温泉文化、红色文化、骑行风情和现代茶乡风貌为要素的"山水风情画廊"是其基本特征；从历史传统形象的角度看，"闽浙古道""两宋遗风""明清古建"是其基本特征；从现实人群感知的角度看，"神秘山乡"是其基本形象特征。综合特点，叠石乡风景区的一级形象理念的定位应是"两宋遗风，母亲河溯源，流动的风景"。

（2）适应不同旅游人群，针对性提出的各种口号

①对城市生活人群口号：览一湖山水，识两宋遗风；天然大氧吧，自由深呼吸。

②对户外运动人群口号：徒千年古道，悟一湖山水；伴骑母亲河，游赏叠石山（花）。

③对美食爱好者口号：天然水库鱼，绿色菜花干；不腻咸猪蹄，不厌兔子耙。

④对进入各行政村的游览人群，各村还可以有针对性提出一些突出本地人文的口

号，比如——

叠石村：闽王挥鞭地，书圣散枝处；

竹洋村：览一湖山水，探千年古硐；

车头村：万年古冰臼，百年老戏台；

苏山村：寻芳苏景园，探秘张贡生；

库口村：览胜柴企岭，寻秘孙家厝；金盾山观芦，大峡谷踏秋。

2. 视觉识别系统（VIS）设计

旅游地的视觉识别是旅游地形象识别系统中的静态识别系统，它能非常形象明了地传达旅游地形象的信息。旅游地通过具体可见的视觉符号，可使公众快速且明确地认识旅游地。现代科学实践证明，视觉信息是人们获取信息的主要渠道。一个人在接受外界信息时，经由视觉接收的信息占全部信息的83%。旅游地形象的视觉识别系统（VIS）是旅游地形象中最直观的部分。

核心地段旅游形象塑造：旅游地的核心地段对于旅游形象的建设具有突出的重要意义。核心地段包括第一印象区、光环效应区和地标区等3类。叠石乡核心地段旅游形象塑造见下图。

旅游问卷（《生态乡镇——福鼎叠石乡旅游问卷调查》下文简称为"旅游问卷"）第6题"您到过福鼎叠石乡哪些村"中，表明来过以下各村人员占收回问卷人员比例分别是，库口村、叠石村：67.02%、64.92%，南溪村、竹洋村都是51.31%，苏山村、茭阳村、车头村、楼下村：39.79%、39.27%、38.22%、37.7%；其余各村占问卷比例在

叠石核心地段旅游形象塑造

第一印象区	光环效应区	地标区	
库口村、叠石村、南溪村	苏山村、车头村	环南溪水库周边行政村(马尾、南溪、茭洋、竹洋、庙边)	苏山村苏景园、苏山张姓贡生府、竹洋古银硐等代表性景点
修建停车广场、添加旅游公园、游客服务中心等公众配套设施，增加一些旅游运动形象logo、全乡旅游地图	布置全乡旅游地图外，再对本行政村整体介绍来个展板，突出本村特色旅游景点	对核心景点进行详细介绍，设立相对完整指示牌	详细的景点导览、各种指导标牌、路灯、公园、休闲椅等
沿普玉线应统一设计旅游标语和宣传板；各景点应向精细化方向发展			

叠石乡核心地段旅游形象塑造设计图

32%以下。因此，叠石乡各村对外影响力明显分成三个梯队。在第7题"您到过叠石乡下列哪些景点"问题中，"南溪水库"（149人）、"库口孙家大厝"（74人）、"苏景园农家庄及其周边景点"（68人）名列前三。再综合考虑各村距城关的远近和干线公路（浙江省58省道、普玉线通乡公路）的距离、景点影响力等因素，因此，可将库口村、叠石村、南溪村划入"第一印象区"；将苏山村、车头村划入"光环效应区"；将茭阳村、竹洋村以及南水周边村相关重要景点归入"地标区"。

叠石乡旅游形象视觉识别体系表

类　　别	设　计　理　念
旅游形象标徽	将南溪水库作为主图，突出"山水叠石"主题，融入自行车骑行等运动元素，最好可以体现出叠石历史的厚重感
标准字体	可由名人书法家书写或宣传策划公司设计，在普玉线沿线、主要景点各处共同使用
标准色	叠石乡是生态乡镇，可以用绿色或蓝色突出生态主题
旅游纪念品	围绕体现生态、绿色、运动主题进行设计
旅游吉祥物	可以考虑采用拟人化、艺术化方式进行创作，设计一只活泼可爱的兔子（美食：兔子粑）的卡通形象，增强游客的亲近感
画册、电视专题片	通过举办摄影征稿比赛等手段，制作一本图文并茂的宣传画册，详细介绍叠石乡的旅游资源；为全乡制作一个30—45分钟的电视宣传片，为每个村拍摄5分钟左右的散文配音视频，可以先从库口、叠石等入口村开始
旅游形象大使	在时机成熟时，选择合适的人物担当形象大使；各村还可以针对自身的人文传承，打造各自的形象大使。比如，叠石村可以用书圣王羲之卡通形象当形象大使（叠石村王姓是地方旺族，其族谱记载他们先祖系王羲之后裔）

旅游问卷第13题"您觉得福鼎叠石乡的旅游形象是什么"问题中，前三名的回答是，"南溪水库的自然风光"（70.68%）、"山地自行车运动"（40.84%）、"特色小吃"（38.22%）。南水风光以占比达 70.68% 稳居第一。旅游问卷第20题"您对福鼎叠石乡土特产的印象是"问题中，前三名回答结果是"兔子粑"（70.16%）、"水库鱼"（51.83%）、"本土鸡"（45.55%）。分析认为，兔子粑由于具有高度的地域特点且影响力较大，故以高达70.16%的受欢迎比例稳居第一名。有鉴于以上统计分析，故将叠石乡"旅游形象标徽"主图定位于南溪水库，以突出"山水叠石"+"骑行运动"为主元素。"旅游吉祥物"就建议以"兔子"形象介入。

3. 行为识别系统（BIS）设计

旅游区形象的行为识别系统（BIS）是旅游地理念的具体化，是旅游地资源的活化，同时也是实践经营理念与创造旅游文化的准则，主要由内部行为识别和外部行为识别两部分组成。

（1）内部行为识别

①管理形象——务实高效、开拓创新。管理形象的好坏直接关系到该区域内民众的向心力和凝聚力，直接关系到对外的亲和力，而且对旅游地总体形象的塑造起着重

要作用。旅游管理部门的工作人员以及当地政府必须要有踏实肯干的敬业精神、较强的业务素质、高效的办事效率、不断创新的能力和牢固的为人民服务的思想，做好宏观调控，把好环境这道关，在对环境资源保护的前提下进行合理、适度的旅游开发。因此，应积极与上级环境保护部门沟通、联络，促成"金字招牌"——"国家级生态乡镇"早日获批；要制定叠石乡规范的旅游管理体系和制度，明确各岗位职责和服务规程，狠抓质量管理和公关营销，做好环境规划和整治，形成廉洁、高效、文明、有序的管理秩序和良好的开展乡村旅游的环境氛围。

②居民形象——文明纯朴、热情好客。旅游地居民的精神面貌是旅游地形象的重要组成部分，是居民素质的综合反映。因此，必须协调好旅游活动与当地居民态度的关系，通过叠石乡村旅游开发带动新农村建设和农民增收。鼓励居民参与到景区开发和管理中来，协调好利益分配关系，提高居民的环境保护意识和全方面素质，使之形成一个居民自觉保护环境的良好氛围。同时，在当地纯朴的民风基础上，倡导热情、礼貌、朴实、文明待客等。

（2）外部行为识别

①服务形象——基础提升、功能完善。

服务形象直接影响着旅游地整体形象的塑造，体现一个旅游地员工的参与意识和业务素质。叠石乡旅游目前尚处于开发起步的初期，对已有的旅游景点，像苏山苏景园、苍边南宛生态养蜂场，政府部门应加大农业奖励资金或旅游项目资金的导向作用。注重引导企业做好景点提升：应加大力度协助企业办理各种相关合规证件，导引企业向正规化、标准化方向迈进发展；对原生态、待开发的景点，应在搞好规划，加大宣传和保护力度的同时，搞好旅游标识牌、旅游公厕等旅游点基本元素的建设，加大旅游基础设施的投入，增强旅客的亲和度、塑造良好的体验感；鼓励企业尽量聘用当地居民并加强对服务管理人员的培训，使其对本地旅游形象产生"认同感""归属感"和"拥有感"，真正融入本地旅游业，提高服务质量。

②公关活动——文体传播、节庆推广。

旅游公关活动是塑造旅游形象和推介旅游形象的重要途径。根据叠石乡的旅游形象定位，第一，可以考虑以往成功多次举办的山地车爬坡赛，邀请专业人员、团队参与对接，引入智力资源参与策划，将其做大、做精，精心打造普玉线，继续美化公路两侧，扩大樱花种植面积，结合"美丽乡村"建设，投入一定资金，加大加快在关乎叠石乡旅游入口形象的库口村的基础设施建设。甚至可以将山地车赛举办成全省或全国性独一无二、每年固定时段的赛事，打造的口号可以是"闽浙边最美樱花骑行线"。

第二，加大宣传力度拓展旅游新路。借势2015年叠石乡在全市"最美骑行线""最美徒步线"评选中获得双料冠军的契机,对于"运动+旅游"吸引人群的项目还可以拓展轮滑、定向古村、古道越野跑等时尚赛事。这些都是占用场地不大、投入可控,却可以短时间快速聚拢大量人气,吸引强大的旅游消费群体的项目(大量年轻人群,旅游问卷第29题也表明,被调查的人群中以18—50岁是答卷主力人群,占比达78.54%,其应该也是旅游主力消费人群)。

第三,还可以结合叠石得天独厚的自然风光,打造推广新节庆。与专业、半专业的户外运动团队、组织合作,考虑举办"风筝节""帐篷节"等"新新人类"喜闻乐见的户外运动;利用母亲河贯穿全乡,各种花卉次第开放,花期长达半年的独特优势,融入旅游文化元素,打造各种各样的赏花节,如"桐花祭""赏芒节""栀子花节""杜鹃花节"等。

第四,可以借助自然风光的优越性、独特性,邀请专业摄影人士、爱好者开展摄影创作活动或者举办比赛;邀请知名美术院校师生来叠石乡开展写生、创作活动,邀请文艺创作团体、书法团体来乡里开笔会,并举办相关影展、画展、书展,将风景资源通过文化传播力量成功转化为旅游资源。

最后,还可以利用即将取得"国家级生态乡"的品牌效应和农产品的绿色、无污染、有机性,考虑开展农产品旅游节庆活动。例如,举办"叠石乡农产品交易会"和"叠石乡茶文化节"。同时,积极参加其他市级、省级和全国开展的多样节庆活动,聘请旅游形象推广大使,借此机遇,一方面提高自身知名度,另一方面为自己带来可观的经济利益。

③"点睛"形象——他山攻玉、借势打力,借鉴邻县塑造形象。

叠石乡是闽浙边两省交界乡镇,不可忽视或漠视邻县泰顺的旅游开发及其对旅游资源的利用。

泰顺县发展旅游的措施有几点值得借鉴:

其一,泰顺的宣传造势意识。举例来说,泰顺县雅阳镇宝林寺附近有一塔头底古村,去过叠石的人,都会发现其古建筑与叠石相比,并无奇特之处,那种古民居群落,在叠石乡范围内可以找到多处,但泰顺县在其58省道附近树立了大量的旅游广告牌,成功吸引众多旅游爱好者的目光。而叠石乡在同类的建筑群(叠石村王氏古建筑群、庙边村董氏古建筑群、库口村孙氏古建筑群等)边上,却连个简介类的指示牌都没有设置。同样的情况还出现在古道资源额利用上。闽浙两省间有一条连接泰顺县与福鼎市的"桐山古道",其在叠石乡境内的长度远远超过在泰顺县境内的,名字还叫"桐山(福鼎别称桐山)古道",但它在福鼎几乎没有几个人知道,遑论具体走向和开发保护。泰顺县对境内的几条古道进行详细的梳理,邀请专家学者参与论证,还积极参与"中国十大古道"的评审，结果其中的一条古道（红枫古道）成功跻身由国际古道联盟评选出的"2016中国十大古道"，最终泰顺古道以"最佳风光摄影古道"的特色入选。叠石乡境内亦有多条风景秀美的古道（比如，会甲溪古道），遗憾的是连叠石乡本地人都很少了解。

其二，泰顺的文物保护意识。在本文即将封笔结题时，恰逢超强台风"莫兰蒂"登陆福建。它给泰顺县也带去十分巨大的破坏力，一天之内，泰顺县痛失三座"国宝级古廊桥"。但就在泰顺县全力进行救灾的同时，泰顺县文保部门，同步发出"发动群众，收集古廊桥木构件的通告"，也仅用一两天时间，泰顺县文物保护部门就对外宣布：经过当地干群共同努力，已基本集齐被冲毁的古廊桥木构建。浙江省委书记视察灾区后表态，要同步重修这三座古廊桥。每桥平均修复造价约需800万元人民币。

其三，泰顺的发展的意识。泰顺县彭溪镇与叠石乡接壤，境内种植大量的中药黄栀子，栀子花开时节，又香又白，成片的栀子花海堪称"六月飞雪"。彭溪镇于2016年6月8日，成功举办了一场"栀子花文化旅游节"，听闻将每年举办一次。而黄栀子种植更早、种植面积更广的叠石乡却让这种好资源停留在农民买卖农产品阶段。彭溪镇玉塔村是畲族民族村，邻近叠石乡苏山村，他们每年的"三月三畲族风情节""畲歌会"，吸引大量的群众前来观礼。在成功举办三届以后，还吸引了一位回归浙商，计划投资2.3亿元在彭溪大峡谷打造旅游景点，即将正式签约。值得我们深思的是，叠石乡也有一个畲族村——竹洋村，完全可以挖掘出富有地方特色的节庆活动。邻县、邻乡这些典型成功案例就发生在叠石身边，应引起叠石乡的高度重视和再认识。

（原文收录于2016年《福鼎社科研究文集》及《宁德师范学院学报》2017年第1期，有改动）